GÜTERSLOHER
VERLAGSHAUS

Gütersloher Verlagshaus. Dem Leben vertrauen

Natürlich für J.
und alle,
die an schwerer Krankheit leiden

Who is the third who walks beside you?
When I count, there are only you and I together
But when I look ahead up the white road
There is always another one walking beside you
Gliding wrapt in a brown mantle, hooded
I do not know whether a man or a woman
But who is that on the other side of you?

T. S. Eliot

Wigand Lange

WENN PARKINSON KOMMT

Meine Erfahrungen mit einem ungebetenen Gast

Gütersloher Verlagshaus

Bibliografische Information der Deutschen Nationalbibliothek
Die Deutsche Nationalbibliothek verzeichnet diese Publikation
in der Deutschen Nationalbibliografie; detaillierte bibliografische
Daten sind im Internet über http://dnb.d-nb.de abrufbar.

FSC
Mix
Produktgruppe aus vorbildlich
bewirtschafteten Wäldern und
anderen kontrollierten Herkünften

Zert.-Nr. SGS-COC-1940
www.fsc.org
© 1996 Forest Stewardship Council

Verlagsgruppe Random House FSC-DEU-0100
Das für dieses Buch verwendete FSC-zertifizierte Papier *Munken Premium*
liefert Arctic Paper Munkedals AB, Schweden.

1. Auflage

Umschlaggestaltung: schwecke.mueller Werbeagentur GmbH, München
Umschlagfoto: getty images
Satz: Katja Rediske, Landesbergen
Druck und Einband: GGP Media GmbH, Pößneck
Printed in Germany
ISBN 978-3-579-06954-8

www.gtvh.de

Inhalt

Vorwort des Verlages

Dr. Wigand Lange ist 60 Jahre alt, Dramaturg, Schauspieler und Schriftsteller mit verschiedenen literarischen Publikationen, u. a. zu Thomas Mann.

Lange blickt auf ein vielschichtiges Leben mit interessanten Höhepunkten zurück. Und dann – im Frühjahr 1996 – erwischte es ihn: Parkinson. Der »Teufelskreis« begann: Aufbäumen gegen die Krankheit – Arbeitskrise – finanzielle Krise – Ehekrise samt Trennung und Scheidung – Verschlimmerung der Krankheit …

Man fühlt sich nach diesen Informationen außerstande zu begreifen, was der folgende Ausspruch Langes bedeuten mag:

»Freund Parkinson, du bist das Beste, was mir je begegnet ist …«

Ein unheimlicher, vom Autor selbst als »skandalös« bezeichneter Satz, den er jedoch schon vor Jahren verinnerlicht hat. Erklärend dazu führt er aus:

»Dank Parkinson habe ich Verantwortung für mein Leben übernommen, einen Schlussstrich gezogen unter mein bisheriges Dasein, das in Krankheit zu enden drohte, einen Schlussstrich unter meine Kindheit, Schluss mit alten Gewohnheiten gemacht, die mir den Weg verstellten …«

2002 veröffentlichte Wigand Lange ein Buch mit dem Titel »Mein Freund Parkinson«, in dem er diese Erklärung vertieft und schildert, *wie* er seine Krankheit akzeptieren, mit ihr leben und ein persönliches Therapiekonzept entwickeln konnte. Dieses Buch brachte ihm viele begeisterte Leserinnen und Leser.

Nach weiteren fünf Jahren folgt nun sein zweites Buch zum Thema, in dem er die positive Entwicklung seines persönlichen Heilungsprozesses auf beeindruckende Weise darlegt. Es gelingt ihm, seine Vortragstätigkeit wieder aufzunehmen, er umsegelt den Atlantik, überlebt einen Autounfall, wird zu Talkshows eingeladen und führt ein (fast) normales Leben, auch wenn die Angst vor Rückfällen und »besonderen Besuchen von Mr. Parkinson« ihn auf allen Wegen begleitet.

Das vorliegende Buch besticht durch seine schonungslose Offenheit, seine große Emotionalität und seine gelungene Prise Humor. Es ist von seiner Gesamtdramaturgie gut angelegt und vermittelt dem Leser kaleidoskopartige, skizzenhafte Perspektiven und damit eine ungewöhnliche Vielschichtigkeit. Ein Drahtseilakt für einen Autor, ein derart persönliches Buch zu schreiben, zumal dabei naturgemäß auch immer Privates zur Sprache kommen und an die Öffentlichkeit dringen muss.

»Wenn Parkinson kommt« gibt ein gutes Stück Hoffnung für alle Menschen, die von einer unheilbaren Krankheit betroffen sind.

Ein authentischer Erfahrungsbericht und ein sprachlich brillanter autobiographischer Roman.

Teil I

(2003–2004)

»Du glaubst nicht, teures Kind, wie ich körperlich eigentlich ein Alter fühle, das ich noch gar nicht habe. Ich möchte es mehr Unbehilflichkeit als Schwäche nennen … Alles dauert sechs Mal so lange als sonst. Darum brauche ich, um wenig zu tun, ganze Tage. Vom Schreiben rede ich gar nicht. Du siehst es, und an einem Brief wie diesem male ich einen vollen Winterabend … Zum Glück braucht man zum Denken keine Hände.«

Wilhelm von Humboldt
Brief an seine Tochter Gabriele
Vom 14. Januar 1832

Vorspiel auf dem Theater

Mann:	Heil!
Frau:	Heil!
Arzt:	Unheil –!
Mann (zittert stark):	Heil mich, wenn du der Heiland bist.
Frau (tänzelt):	Mich auch.
Arzt:	Unheilbar.
Parkinson (geht vorüber): (schüttelt Kopf und lacht)	Heilbar … unheilbar.
Mann:	Nichts wie weg hier. Auf in die Heil-Bar!
Frau (singt):	*Oh, tell me the way to the next whisky bar*
Mann (singt):	*I tell you, we must die …*
Barkeeper:	Heil!
Mann und Frau:	Heil!
Mann:	Papaya-Saft.

Barkeeper:	*Cash*!
Mann (geht zur Jukebox):	*Johnny Cash.*
Parkinson (singt):	*I shot a man in Reno. Just to see him die …*
Frau:	Brutal.
Barkeeper:	*Cash*, aber dalli!
Mann:	Dali, Salvatore Dali.
Frau:	Auch tot.
Mann:	Geh'n alle auf dein Konto, Parkinson.
Mann(wirft Münzen auf den Tresen):	Für den Heiland.
Parkinson:	Lass den aus dem Spiel.
Frau (bekreuzigt sich):	Gorbi et orbi, auf den Papst!
Mann:	Den neuen oder den alten?
Frau:	Den alten natürlich.

(Alle stoßen miteinander auf den Papst an und singen beim Abgehen:) Heile, heile, Gänschen, …

Beflügelt

Als wären mir Flügel gewachsen. Ich schoss die breite, geschwungene Natursteintreppe hinunter. Drei, vier Stufen auf einmal. Die Hand locker über das metallene Geländer gleitend. Ich flog mehr hinunter, als dass ich ging. Gleich darauf, nachdem ich mein Geschäft in Windeseile verrichtet hatte, jagte ich die Treppe wieder hinauf. Als wären mir Flügel gewachsen. Auf der obersten Stufe angekommen, zuckte es mir durch den Kopf: »Du bist gar nicht gehumpelt. Du hast vergessen zu humpeln. Du bist da runter- und hochgesaust wie ein junger Gott. Trotz gerissenem Meniskus. Trotz Fersensporn. Wie ist das möglich?« Sofort kamen mir drei Möglichkeiten in den Sinn. Das homöopathische Mittel, das ich am Morgen genommen hatte. Die bequemen BAMA-Schuhe, die ich heute trug. Oder die Euphorie, die mich während der Lesung ergriffen hatte. Wahrscheinlich alle drei zusammen.

Diese Szene blieb fortan in meinem Gedächtnis haften – wird Teil eines Films über Parkinson werden.

Über den Kontrast von Humpeln und Fliegen, hart gegeneinander gesetzt, werden die Zuschauer staunen. Genauso wie ich.

Was war passiert? Es war während einer Lesung vor einer Gruppe an Parkinson Erkrankter und deren Angehörigen. Schauplatz: Der Gemeindesaal einer großen Stadt im Norden Deutschlands. In der Pause Büchersignieren. Fasziniert hatten die Käufer die kunstvolle Langsamkeit beobachtet, mit der ich schreibe. Ich wiederum, war tief gerührt von der *Schicksalsträchtigkeit* ihres Lebens, das sie mir mit wenigen Worten umrissen. Manche warteten gleich mit zwei oder drei schweren Krankheiten auf. Parkinson. Zucker. Krebs – dagegen komme ich mir recht fit vor. So sind die Pausen für mich eigentlich keine Pausen. Sondern die Fortsetzung der Lesung mit anderen Mitteln. Statt erholsam kräftezehrend.

Gerade hatten die Zuhörer ihre Plätze wieder eingenommen. Da geschah das Unerhörte. Just in diesem Augenblick, die Augen und Ohren des Publikums waren erwartungsvoll auf mich gerichtet, machte sich meine Inkontinenz bemerkbar. Völlig überraschend und mit arger Dringlichkeit. Ausgerechnet jetzt. Peinlich. Mir blieb nichts anderes übrig als die Flucht nach vorne. »Ich muss noch schnell mal wohin«, erklärte ich mit gespielter Nonchalance. »Na, Sie wissen schon. Bin gleich wieder da.«

Seltsam. Ein Buch mit Reflexionen über Inkontinenz zu beginnen. Kein Wunder, wenn dieser oder jener Leser das Buch gleich wieder zuklappt und sich Erfreulicherem zuwendet. Aber, unser Autor hat sich schonungslose Offenheit geschworen, da wird nichts beschönigt. Dem ist sogar zuzutrauen, dass er sich bei der Verrichtung seines Geschäfts filmen lässt.

Inkontinenz: Vor einem Jahr war mir die Bedeutung dieses Wortes noch unbekannt. Jetzt hatte ich sie. I-n-k-o-n-t-i-n-e-n-z. Wortwörtlich U-n-b-e-s-t-ä-n-d-i-g-k-e-i-t. Das passt zu mir. Schütze Merkur. Ein recht unsteter, unruhiger Typ. Jedenfalls früher. Ich konsultiere den Duden. *Blasenschwäche, Unfähigkeit, den Harn zurückzuhalten.* Warum auch? Den Stuhl hält man auch nicht zurück. Er soll sogar davonlaufen: Stuhlgang. Wie dem auch sei. Wir haben es mit einer von vielen Nebenwirkungen zu tun, die uns die Parkinson-Medikamente bescheren. Eigentlich kommt es hier aber weniger auf die Inkontinenz an als vielmehr auf die absurden Begleitumstände. Ich war an den Zuhörern vorbeigeflitzt, die Treppe hinuntergeschossen, verrichtete in Rekordzeit mein Geschäft (von dem keiner genau sagen kann, um was für ein Geschäft es sich hier handelt. Bei den Toilettengebühren an Autobahnraststätten und in Hauptbahnhöfen handelt es sich ganz offensichtlich um ein Geschäft, ein lukratives noch dazu.). Keine 60 Sekunden dauerte das Geschäft, dank der feinmotorischen Geschicklichkeit, die ich über die Jahre in dieser Tätigkeit entwickelt hatte.

Obwohl die Nieten meiner Jeanshose geeignet waren, das Auf- und Zuknöpfen meines Hosenstalls (auch hier eine rätselhafte Metaphorik) unnötig zu komplizieren. Kurzum. Kaum war das Wasserlassen (hier nun eine durch und durch poetische Wortschöpfung mit einem Pseudobinnenreim) beendet, stürmte ich erleichtert die Treppe wieder hinauf. Als wären mir Flügel gewachsen.

»Meine Damen und Herren«, begann ich den zweiten Teil der Lesung, »ich muss Ihnen erzählen, was mir soeben widerfahren ist.« Ich erzählte ihnen die Geschichte. Die Zuhörer hatten mich vor der Veranstaltung nur humpeln sehen. Die Schmerzen im linken Knie und in der rechten Ferse ließen nur vorsichtige, kleine Schritte zu. Treppensteigen war ein recht mühsames Unterfangen. Das Knie sollte in der Klinik hier im hohen Norden operiert werden. Dazu war ich hierher gekommen. Ich hatte mich eigens für die Lesung aus dem Spital beurlauben lassen.

»Da können Sie sehen, was alles möglich ist, wenn wir einmal nicht an unsere Behinderung denken. Dann sind Dinge möglich, die man sich nicht hätte träumen lassen. Wir muten uns viel zu wenig zu. Zumuten. Kommt von Mut. Also sage ich: Nur Mut! Trauen Sie sich mehr zu! Vergessen wir das Humpeln! Vergessen wir das Zittern! Vergessen wir die Langsamkeit! Schlagen wir dem Schicksal ein Schnippchen! Überlisten wir uns selbst! Treten Sie aus sich heraus! Springen Sie über Ihren eigenen Schatten!«

Ein Teil der Zuhörer schaute mich nachdenklich an. Ein anderer Teil ungläubig. Und wieder andere schienen belustigt. Ich setzte noch eins drauf. Wer nicht wagt, der nicht gewinnt! Nehmen Sie sich folgenden Spruch zu Herzen: Wir wagen die Dinge nicht, weil sie schwierig sind, sondern die Dinge sind schwierig, weil wir sie nicht wagen. Schluss mit Selbstmitleid. Schluss mit Ausflüchten á la Karl Valentin. *Mögen hätten wir schon wollen, aber dürfen haben wir uns nicht getraut.* Schluss mit Zaghaftigkeiten und Halbherzigkeiten.

Es entstand Unruhe im Saal. Ich war in Fahrt gekommen. Ich kam mir vor wie ein Wanderprediger. Ein Wort reichte dem anderen die Hand. Ich beugte mich gefährlich weit aus dem Fenster. Ich wollte den Leuten Mut und Hoffnung geben. Und ich hatte Spaß an der Sache. Meine schauspielerische Ader ging, wie ein wildes Pferd, mit mir durch. Meine Liebe zu Komik und Ironie, deren schärfste Waffe die Übertreibung ist. Ich bin überzeugt, mit Humor lässt sich unser Schicksal leichter ertragen. Und so wagte ich mich immer weiter aufs Eis hinaus. Die Sache hatte längst eine eigene Dynamik angenommen. Irgendjemand hatte mir die Zügel aus der Hand genommen. Es war ein teuflischer Ritt über den Bodensee. Einige Lacher im Publikum ermutigten mich weiterzumachen. Die Kamera lief, und ich durfte jetzt unter keinen Umständen aufhören. Im Hintergrund das Getrappel von Pferden auf Eis. Das treibt die Handlung voran. Und so ließ ich mich zu der Behauptung verleiten: »Wussten Sie schon, der Mensch kann fliegen.« Und als wollte ich die Aussage bekräftigen, stand ich auf und schlug ein wenig mit den Armen. Als wären es Flügel. »Probieren Sie es einmal. Sie müssen es nur wollen.« Ich musste grinsen. Es war dies eine Lieblingsvorstellung von mir. Fliegen. Schon seit meiner Kindheit habe ich mich mit dem alten Traum der Menschheit beschäftigt. Die Hauptfigur meines ersten Romans war ein so genannter Tiefflieger. Ein Zwerg. Zwerge können fliegen. Oft habe ich mit Schülern darüber diskutiert. Kinder beantworten die Frage, ob der Mensch fliegen könne, stets mit einem klaren Ja. Erwachsene tun sich da schwer. Ich glaube an die Fähigkeit des Menschen, fliegen zu können. Jedenfalls in meiner Vorstellung. In meinen Geschichten. Realität und Phantasie vermischen sich, und lassen sich nicht immer klar voneinander trennen. Mich würde es nicht wundern, wenn in der Sendung »Wetten dass ...« jemand auftreten und demonstrieren würde, dass der Mensch fliegen kann. Man komme mir jetzt nicht mit dem Schneider von Ulm. Oder mit Ikarus und Daedalus. Wir sind heute viel weiter. (Kunst) Der Film zeigt Ausschnitte von Paraglidern, von Fallschirmspringern, von Scubadivern, und von Wesen, die aussehen, als könnten es Menschen oder auch Vögel sein. Ich erzählte die Geschichte, wie ich eines Tages meine 5-jährige Tochter auf dem Dach des Schuppens stehen sah. Von dem sie offenbar zum Flug starten wollte. Offenbar glaubte sie fest an meine Behauptung. Sie flatterte mit den Armen, als wären es Flügel. Mein Herz hörte auf zu schlagen. Nur mit großer Mühe konnte ich sie von ihrem Vorhaben abbringen.

Ich hielt in meiner Rede inne. Ich merkte, ich war zu weit gegangen. Es war Unruhe im Saal entstanden. »Okay, okay, okay, obwohl ich weiß, dass es manche unter Ihnen gibt, die in ihrem früheren Leben Gipfelstürmer, Weltrekordler oder Abenteurer waren. Denen kein Weg zu weit, keine See zu rau, keine Aufgabe zu schwierig war. Sie haben gesoffen und gehurt, dass es nur so gekracht hat. Wir alle kennen die Geschichte von Muhammad Ali, Mao, Hitler, Franco, Salvatore Dali … Papst Johannes … Ja, auch der! Schlugen allesamt über die Stränge. Der Krug geht solange zum Brunnen, bis er bricht. Ich habe einmal von Berufswegen das staatliche Materialprüfungsamt in unserer Stadt besichtigt. Der Ingenieur, der die Führung gab, sagte auf einmal etwas verschämt vor einer Tür:

›Verstehen Sie uns bitte nicht falsch.‹ Aber wir müssen das machen. Auftrag ist Auftrag.« Und schon standen wir vor einem Apparat, mit dem Pressluft in ein Kondom geblasen wurde, das sich ausdehnte wie ein Riesenluftballon auf dem Jahrmarkt. Es ragte schätzungsweise stolze sechzig bis siebzig Zentimeter in die Luft. Mir blieb die Luft weg. Ich dachte, selbst der Riese Timbuktu hat nicht einen so Großen. So ein Pariser platzt also nicht so leicht. Den kann man ganz schön dehnen. Der hält einiges aus. Und beim Rausgehen fragte ich mich, wie der Mann, der die Apparatur tagein, tagaus bedient, das aushält. – Warum erzähle ich Ihnen das eigentlich? Nun, im Staatlichen Prüfungsamt wird exakt gemessen, wieviel etwa eine Brücke aushält, bevor sie zusammenbricht. Und so bräuchten auch wir ein staatliches Menschenprüfamt, das uns genau sagt, wie weit wir gehen können, bevor wir zusammenbrechen. Wir würden dann jeder mit einer Armleuchte am Kopf herumrennen, die aufleuchtet, wenn wir unsere Grenze erreicht haben. Dann heißt es aufhören. Manche von uns haben so ein Warnsystem eingebaut. Sie wissen: 5.000 Meter, das ist das Äußerste, was ich als Langstreckenläufer leisten kann. Aber, wir probieren trotzdem aus, ob es nicht ein wenig weiter geht, 5.500, 6.000 … 8.000 … bis die Sicherung durchknallt. Also: Wir nennen das, unsere Grenzen anerkennen beziehungsweise sie überschreiten oder dehnen. Jeder muss für sich selbst entscheiden, wie weit er geht. Wer permanent seine Grenzen verletzt, der landet schließlich in einem Sanatorium für Hirngeschädigte oder hier bei uns. Und hier müssen sie lernen, worüber sie sich früher arrogant hinwegsetzten, aus Ehrgeiz … oder Größenwahnsinn. Aber, ich bin nicht zum Predigen hergekommen. Ich wollte nur sagen: Wer rastet, der rostet. Deshalb: immer in Bewegung bleiben. Die Grenzen vorsichtig dehnen, aber den Bogen nicht überspannen. Aber seien Sie versichert, es stecken viel mehr Kräfte in uns, als wir denken. Also, wer fliegen will, soll fliegen, die anderen sollen kleinere Brötchen backen. Was dem einen sein Uhl, ist dem anderen sein Nachtigall. Basta!

Das Wunder von Undenheim[1]

Eigentlich wollte er von der ganzen Sache nichts mehr hören. Zehn Jahre »Parkinson«, das reicht. Hatten doch die anderen Recht, die behaupteten, über Krankheit soll man nicht sprechen? Nun sind Ereignisse eingetreten, die ihn bewogen haben, das Wort abermals zu ergreifen und die Feder erneut ins Tintenfass zu tauchen, um den Hergang dieser unerhörten Begebenheiten niederzuschreiben. Niederschreiben. Genau darum geht es. Der Autor schreibt diese Zeilen mit der Hand auf – mit seiner rechten, um genau zu sein. Mit einem schwarz schreibenden *office liner edding 89 EF Germany*. Was soll daran Besonderes sein, fragt nun der Leser. »Sie werden nie wieder mit der Hand schreiben können. Tut mir Leid. Ich weiß, für einen Schriftsteller ist dieses Verdikt natürlich besonders hart.«

Mehrfach hatte er diese vernichtende Prognose ärztlicherseits zu hören bekommen. Und es wird

1. Der Autor schrieb es um des Reimes willen.

immer deprimierender. *To say the least.* Aber Sie schreiben doch mit der Hand, ganz flott, und groß und leserlich. *Where's the problem?* Ja, er kann es selbst nicht glauben. Er wird dieses Manuskriptblatt, nein, diese Blätter – denn, es ist noch kein Ende abzusehen – er wird sie rahmen lassen, als Dokument seiner graphischen Wiedergeburt. Nur wer ihn einmal beim Unterschreiben am Bankschalter beobachtet hat, wie er da mit letzter Willenskraft und dem Gewicht des ganzen Körpers sich abmüht, diese lächerlichen elf Buchstaben auf das Formular zu bannen, als gelte es, die Lettern mit einem stumpfen Dosenöffner in eine Metallplatte zu fräsen, der weiß wertzuschätzen, was hier gerade passiert. Zwar ist dies nicht das erste Mal, dass er Handschriftliches zu Papier bringt. Aber die selbstverständliche Mühelosigkeit, mit der er heute schreibt, die ist frappierend neu. Unerhört! Das Wunder von Undenheim. Es ist, als könne der Cellist wieder Cello spielen, die Sopranistin wieder singen. Nicht bloß schreiben. Schreiben!!! Schrift stellen!!! Und dieses Zeugnis seiner Wiedergeburt, es ist ihm heilig, wie den Juden und Christen die kürzlich entdeckten Qumran-Schrift-Rollen. Und er wird hier und heute so lange weiterschreiben, bis ihm Tinte oder Papier ausgehen, oder er erschöpft über dem Geschriebenen zusammenbricht, die Stirn auf die noch nassen Buchstaben sinkt und der fortan das Kainsmal des Schriftstellers, weithin sichtbar, auf seinem »Vorderkopf« trägt, wie der Engländer die Stirn nennt. Stirn, Gestirn, das hat kosmische, galaktische Dimensionen, und um nichts weniger geht es hier. Wer hat die Stirn, dies zu bezweifeln? Und da dieses unerhörte Ereignis keine Augenzeugen hat, es geschieht gerade an diesem ersten grau-kalten Herbsttag, der ihm eigentlich von seiner nun schon sechswöchigen Bronchitis, die ihn fast zur Strecke brachte, Linderung hätte bringen sollen, und nun stattdessen dies: Wie mit einem Urknall ist das Urvermögen des kultivierten Menschen wieder da und läuft jetzt unaufhaltsam die Papierfluchten hinunter. Mit der Plötzlichkeit eines Urknalls hatte sich vor einem halben Jahr die Rückkehr seiner Handschrift in Szene gesetzt. Die Umstände werden ihm stets lebendig in Erinnerung bleiben, zumal er sie simultan handschriftlich festhielt, also gleichsam Protokoll führte über seine kalligraphische Renaissance:

Montag, der 31. März 2003

Dies ist der erste Tag meines neuen Lebens. Bombengeschichte. 4 Stunden Behandlung. Bei Bioenergetiker. Wie in Auerbachs Keller: 1 Tropfen Blut, 1 Tropfen Speichel, 1 Haar. Dies ist vielleicht ein qualitativer Sprung. The point of return, im positiven Sinne. Wie kommt das? Die Nähe des Compens-Gerätes? Einerlei.

Es ist so, wie es ist. Daran glauben und beobachten. Wunderbar! Down this road. Die Nierenschwäche in Nierenstärke umwandeln. Weiterschreiben. Seht Euch das an! Strotzt vor Energie. Wie früher!

April 2003

Heute geht das Schreiben immer noch. Juchhe!! Jetzt geht die Post ab. Wunderschöner Frühlingstag. Heute 2. Behandlung bei Bioenergetiker. Es kommt, läuft und läuft und läuft. Nicht ganz so wie beim ersten Mal.

1. April 2003 – Probe

Schrift groß und deutlich lesbar. Toll!!!

Riesig groß die Buchstaben in seinem Notizkalender. Verschwindend klein und krakelig die Eintragungen davor. Wie ist das möglich? Was ist passiert? Und wieso heute dieses mühelose Schreiben, das kein Ende nimmt? Für Letzteres hat er keine Erklärung, außer, dass es Schübe gibt, zum Schlechten und eben auch zum Guten. Die einzig denkbare Ursache: ein Nahrungsergänzungsmittel, das aus dem asiatischen Raum kommt und das er seit kurzem nimmt. Es setzt sich aus zehn pflanzlichen Extrakten zusammen. Da es die

Gehirndurchblutung fördern soll, ist eine Verbesserung der Schreibfähigkeit nicht auszuschließen.

Wieder einmal hatte sein *Wellness*-Freund Tim unserem Autor eine Neuigkeit auf dem alternativen Therapiemarkt empfohlen. Er folgte dem Rat und sitzt kurze Zeit darauf im Wohnzimmer eines Bioenergetikers, der sich auf die Übertragung positiver Energien (Informationen) spezialisiert hat. Der Therapeut bittet ihn zu Beginn der Behandlung, seinen Namen samt Adresse auf einen Briefumschlag zu schreiben, in dem sich ein Foto des Patienten befindet. »Fängt ja schön an«, denkt der Autor-Patient, »Blöde Schreiberei«. Wie überrascht ist er aber, als die Buchstaben wie von allein aus dem Schreibstift fließen, groß und deutlich, gut lesbar, dass er nicht aufhören will, sich vom Energetiker Papier geben lässt und weiterschreibt. Und weiterschreibt. Das Ergebnis haben wir oben dokumentiert. Therapeut und Patient sind gleichermaßen perplex und – möglicherweise mag das energetisch aufgeladene *Compens*-Gerät, das auf dem Tisch stand, ausgereicht haben, dass sich die Energie auf den Schriftsteller, der im eigentlichen Sinn gar kein Schriftsteller mehr war, übertragen hatte. Diese Energie, die die längere Schreibblockade in seiner rechten Hand auflöste und gleichzeitig die Information an das Gehirn schickte: »Schreiben mit rechter Hand wieder möglich!« Wir brechen hier ab, denn der Schreibfluss scheint unerschöpflich zu sein. Und dass der Schreiber vor Erschöpfung zusammenbricht – wollen wir tunlichst vermeiden.

Voilà. Nun hat der Leser einen kleinen Vorgeschmack auf die Geschichten, die ihn im Folgenden erwarten. Geschichten, die in ihrer Gesamtheit den Autor dazu veranlasst haben, seine Freundschaft mit Parkinson zu lockern, zu lösen. Möglicherweise ganz aufzukündigen.

»*Good Bye, Mister Parkinson*«, diese Absage an seinen morbiden Freund, den der Autor einmal Tyrann nennen wird – diese Abschiedsformel, Aufforderung oder Feststellung, ein Schlachtruf gar –, wer hätte das vor einem Jahr noch für möglich gehalten! Mit welchem Recht, vor allem, mit welchem Ergebnis? Wir werden sehen. Nun klingt das nach einer erbitterten Auseinandersetzung, nach Sieg und Niederlage. Mitnichten. Dahinter steckt ein Emanzipierungsprozess des Erkrankten, Emanzipation, weg von der Krankheit, also, weg auch von Mister Parkinson, ein Prozess, den er ja unter anderem Parkinson zu verdanken hat. Ein Prozess, der in der Ich-Werdung, in der Mensch-Werdung unseres »Helden« gipfelt. Der Autor wendet sich folglich mit den hier niedergeschriebenen Geschichten natürlich explizit an die, die selbst ein vergleichbares Schicksal durchmachen mussten oder andere kennen, die es erwischt hat. Aber auch und insbesondere an Kenner außerordentlicher Literatur.

Post für Mr. Parkinson

Hallo Parkinson,

habe lange gezögert, an dich zu schreiben. Schreiben und Lesen sind deine Sache nicht. Du hast deine eigene Art, mit Menschen umzugehen; bittest nicht um Erlaubnis. Stellst keine Fragen. Diskutierst nicht. Stellst uns vor vollendete Tatsachen. Selbstherrlich, wie ein absoluter Fürst. Ich erwarte nicht einmal, dass du diesen Brief zu Ende liest. Habe ihn sicher ein Dutzend Mal umgeschrieben. Alles wieder verworfen. Warum ich nicht einfach mit dir rede, wie sonst auch? Hat doch bisher gut geklappt. Stimmt. Dieses Mal allerdings ist es anders.

Ich fürchtete, du würdest versuchen, mir die Sache wieder auszureden. Würdest mich mit deinen Orakelsprüchen umgarnen und mit deiner vertrackten Dialektik aufs Eis hinauslocken. Am Ende stünde ich wieder da und wüsste nicht mehr, was ich eigentlich von dir wollte. Und du würdest mir den Brief um die Ohren hauen. Jedes Wort einzeln. Oder es wäre dein Schwei-

gen, mich im Regen stehen lassen, was noch schlimmer ist!

Vergiss nicht, dass wir befreundet sind.

Unsere Freundschaft. Genau darum geht es. Ich halte sie für etwas Besonderes. Bin stolz darauf. Dir mangelt es wahrlich nicht an Bekanntschaften. Hast jede Menge Menschen an dich gebunden. Und es werden immer mehr. Auf einen mehr oder weniger kommt es dir anscheinend nicht an. Dennoch. Wir sind es einander schuldig, offen und ehrlich miteinander umzugehen. Ab und zu muss die Komödie, das Kasperletheater, das wir spielen, ein Ende haben, und nun kann Tacheles geredet werden. Freundschaften sind nichts Starres, verändern sich.

Der eine geht zu den Eingeborenen am Amazonas. Der andere zu den Eskimos am Nordpol. Der Geist der Freundschaft verbindet sie auch über die Distanz. Ich bin dir verpflichtet. Sieben Jahre kennen wir uns schon. Sieben lange Jahre. Kommt mir vor wie eine Ewigkeit. Die Frage stellt sich, waren es die sieben fetten oder die sieben mageren Jahre?

Und schon habe ich mich verraten, preisgegeben, was ich dir erst später, sozusagen als Quintessenz, mitteilen wollte. Nun ist die Katze aus dem Sack. Ich fürchte deine Reaktion. Deine Rache: »… dem werd' ich's heimzahlen! Der wird sein blaues Wunder erleben!« Gehen Freunde so miteinander um? »Selbst Schuld!«, sagst du. »Du hättest auf mich hören sollen.«

To tell the truth: Ich habe das Gefühl, wir sind in eine Sackgasse geraten. Treten auf der Stelle. Ich habe die eine Botschaft verstanden. Kapiert, dass es ein schlimmes Ende mit mir nehmen wird, wenn ich so weitermache wie bisher. Die Konsequenzen daraus gezogen. Ich komme zurecht. Habe Prioritäten gesetzt.

Alles Überflüssige aus meinem Alltag verbannt. Lebe nach der inneren Uhr. Bin zur Ruhe gekommen. Habe die Uhren aus meinem Leben entfernt. Habe mir buddhistische Ruhe und Gelassenheit zum Vorbild gemacht. Aber wem erzähle ich das!

Du kannst die Bremse lockern, Parkinson! Das Schneckentempo langweilt mich. I've got the message. Ich hab's satt. Es gibt Wichtigeres zu tun.

Warum hängst du eigentlich immer noch an mir herum? Traust mir nicht?

Oder sehen wir es positiv: Als mein Freund willst du mir behilflich sein, mich vor fatalen Fehlern bewahren, da sein, wenn ich dich brauche. Aber irgendwann muss das Kind ins kalte Wasser springen. Der Zeitpunkt ist gekommen. Wir sollten versuchen, »ohne einander« auszukommen. Muss ja nicht für alle Ewigkeit sein. Freunde gehen »auseinander«, kommen wieder zusammen, erzählen sich dann, wie es ihnen ergangen ist. Wie wär's damit?

Ich höre dich sagen: Bitte schön! Werde keinen Finger mehr für dich krumm machen. Werde den Teufel tun und dir, wie einem kleinen Kind, das Einmaleins der Selbstgesundung beibringen. Selbstgesundung! Warum heißt das wohl Selbstgesundung?

Good luck. Ich habe dich gewarnt. Wenn du fliegen willst, dann tu's doch.

Den Brief noch nicht abgeschickt. Liegt hier noch auf dem Schreibtisch. Die Zeit ist noch nicht reif dafür. Habe meine Zweifel. Muss ganz sicher sein, dass ich bereit bin, diesen Schritt zu tun. Vielleicht ist es falsch, ihn großartig anzukündigen. Parkinson könnte beleidigt sein, und versuchen, mich reinzulegen. Bin sicher, ich werde es merken, wenn der richtige Zeitpunkt gekommen ist. Im vergangenen Jahr ging es noch arg auf und ab. Wellenförmig. Sinuskurve. Zwei Höhepunkte, gefolgt von zwei Abstürzen. Achterbahn. Ist mir auf die Dauer zu aufregend, zu riskant. Muss Gleichmaß und Kontinuität in mein Leben bringen. Das Gefühl, nicht länger *outcast* sein zu wollen, wächst. Bin es leid, als Kranker, Behinderter klassifiziert zu werden. Will nicht länger als Parkinsonist abgestempelt werden. Bereits einige Schritte in diese Richtung gemacht. Häufig sagen mir Leute: »Man sieht dir den Parkinson gar nicht an.«

Eine Freundin sagte mir kürzlich: »Gell, du hast gar kein Parkinson, du tust nur so.« Meine Antwort: »Du hast Recht. Ich simuliere nur.« Und wir lachten höllisch. Wie oft habe ich in letzter Zeit Freunde sagen hören: »Du siehst aber gut aus, warst du in Urlaub?« Diskrepanz zwischen innen und außen.

Während meiner Lesungen verkünde ich deshalb neuerdings: »Wie Sie, meine Damen und Herren, sehen können, habe ich gar kein Parkinson. Ich werde daher meine Lesungen umfunktionieren: in Seminare für Simulanten. Und, wenn man mir den Parkinson nicht einmal ansieht, dann ist es doch nur recht und billig, dass ich ihn nicht länger in mir haben will. Die Ghettoisierung von Kranken in Parkis, Asthmatiker, Alkoholiker, Krebskranke macht erst richtig krank. Klar, Selbsthilfegruppen können nützlich sein. Ab einem bestimmten Zeitpunkt muss man sich aber davon lösen und wieder unter die Leute gehen, sich vom Patientsein emanzipieren und wieder Mensch unter Menschen sein.«

Das Neue scheint in meinem jetzigen Leben durch das Alte durch. Wie die Sonne durch den Nebel. Von diesem Durchscheinen will ich erzählen. Geschichten, in denen sich das Neue ankündigt. Wie Geysire, deren Strahlen anfangs ganz zögerlich aus dem Boden kommen, dann aber immer häufiger und stärker, bis die Fontänen das ganze Bild beherrschen.

Ein Wort liegt mir auf der Zunge: »Ohneeinander.« In der Tat bezeichnet dieses eine Wort das Ziel, das ich anstrebe. Ohne Parkinson auskommen. Jedes

»Ohneeinander« setzt voraus, dass es einmal ein »Miteinander« gegeben hat. Die Erinnerung an das Miteinander ist nicht bitter. Es war ein freundschaftliches Miteinander.

Anhalten alle Uhren

Ich schaue auf meine Armbanduhr: Die Stelle an meinem Handgelenk ist leer! Ich bin zutiefst erschrocken. Die schöne, rechteckige Uhr mit dem schwarzen Zifferblatt. Für die ich viele Komplimente bekommen habe. Zumeist von Frauen. Sofort suche ich den Boden um mich herum ab. Krame in meinen Taschen. Gehe den Weg, den ich gekommen bin, ein paar Minuten zurück. Die Augen auf den Boden geheftet. Ohne Erfolg.

Entschließe mich, in die Wohnung meiner Freunde zurückzukehren. Nach dem Abendessen würde ich mich noch einmal auf die Suche begeben. Erst jetzt bemerke ich, dass ich mich verlaufen habe. Bin in eine mir unbekannte Villengegend aufgebrochen. Später an einem Kanal entlang, an mehreren Ruderclubs vorbei. Von dort wollte ich den Kreis schließen und zur Wohnung zurückkehren. Habe aber die Orientierung verloren.

Es ist spät geworden. Ulla hatte gesagt, in einer Viertelstunde gäbe es Essen. Die Viertelstunde ist längst vorbei. Als ich zurückkomme, ist das Essen bereits beendet. Und der Freund, mit dem Ulla Geschäftliches zu besprechen hatte, ist wieder fort. Ich hatte wenig Lust, an einem Arbeitsessen teilzunehmen. War zwar nicht absichtlich solange weggeblieben. Aber auch nicht ganz unabsichtlich. Bin wegen einer Operation in die Stadt im hohen Norden gekommen und zu sehr mit mir selbst beschäftigt, als dass ich zu *Small Talk* mit Fremden aufgelegt wäre. Mein langes Fortbleiben erkläre ich meinen Freunden mit dem Verlust meiner Armbanduhr. Ich erzähle ihnen die Geschichte dieser Uhr und hoffe damit ihre Aufmerksamkeit von meinem Zuspätkommen abzulenken.

Wie war das damals? Eigentlich brauchte ich keine neue Uhr. Denn ich besaß eine goldene amerikanische *Elgin*. Kurz vor meiner Rückkehr nach *Merry Old Germany* schenkte mir die Großtante meiner amerikanischen Frau diese Armbanduhr. Es war die Uhr ihres vor langer Zeit verstorbenen Mannes, dessen Initialen JD auf der Rückseite eingraviert waren. Ich nannte die alte Dame, die aus irgendeinem Grund einen Narren an mir gefressen hatte, »Tante Gewiss Gewiss«. Denn sie entgegnete auf alles, was man sagte, mit einem krächzenden »Gewiss, gewiss«. Das waren die einzigen Überbleibsel ihrer germanischen Muttersprache.

Ich hatte die Angewohnheit, die Uhr tagsüber nie abzulegen. Auch beim Abwaschen nicht. So war Wasser in die Uhr eingedrungen. Die Instandsetzung kostete jedes Mal einen Batzen Geld. Der alte Uhrmacher im Nachbardorf, das ich spaßeshalber immer Frankonian Crooked Creek oder auch Fränkisch Krummbatscha nannte, riet mir von weiteren Reinigungsaktionen ab. Der Gedanke, mich auf die Suche nach einer neuen Uhr begeben zu müssen, ließ Unmut in mir aufkommen. Nicht nur würde das eine teure Angelegenheit werden: Erfahrungsgemäß würde sie auch viel Zeit kosten. »Ich habe da ein Schnäppchen für Sie«, sagte der Alte, aus dessen Mund ich dieses modische Wort nie erwartet hätte. Die grassierende Verniedlichungskultur, mit einem Hallöchen hier, einem Bierchen da und zum Abschied einem »Halt die Öhrchen steif!«, ist mir zutiefst zuwider.

Der Uhrmacher hatte drei Uhren im Angebot, die auf ein Drittel ihres Ursprungspreises heruntergesetzt waren. Alle drei gefielen mir auf Anhieb. Die beiden Exemplare mit dem runden und dem ovalen Gehäuse passten – da waren wir uns sofort einig – nicht zu mir. Und so fiel mein Augenmerk auf die dritte mit dem länglichen, rechteckigen Gehäuse, das zudem noch leicht gewölbt war. Und es geschah das Ungewöhnliche. Wir wurden uns innerhalb von fünf Minuten handelseinig.

Und dieses Schmuckstück, auf das ich so stolz war, sollte nun auf Nimmerwiedersehen verloren sein?! Mein Freund Burkhard machte eine Bemerkung, die mich sehr verletzte. »Du brauchst keine Uhr.« Ich war empört. Wie kommt der dazu, so etwas zu sagen? Ich hing an dieser Uhr und bin traurig über ihren Verlust. Ich werde alles daransetzen, sie wiederzubekommen.

Abends mache ich mich noch einmal auf die Suche. Gebe aber schnell wieder auf. Die Strecke ist viel zu lang. Auch weiß ich nicht mehr genau, auf welcher Straßenseite ich gelaufen bin. Ich nehme mir vor, den Verlust der Uhr auf Notizzetteln anzuzeigen, die ich an Bäumen in der Nachbarschaft anbringen würde.

Auf dem Rückweg fällt mir ein Mann auf, der den Bürgersteig entlanggeht und vor jedem Haus einen Abstecher bis an die Haustür macht. Vor sich her trägt er einen Bauchladen mit technischem Gerät. Was sucht der Mann, frage ich mich. Bomben? Einen Schatz? Uhren? Öl? Ich spreche ihn an. Mit Öl lag ich gar nicht so falsch. Er folgt den Erdgasleitungen, um Lecks zu orten. Ich erzähle ihm von meiner Uhr. Er verspricht, danach Ausschau zu halten. Ich gebe ihm meine Visitenkarte. Habe nie etwas von ihm gehört.

»Du brauchst keine Uhr!« Die Worte meines Freundes hallen mir noch heute im Ohr nach. Was mochte er damit gemeint haben? Parkinson hat mein Verhältnis zur Zeit von Grund auf verändert. Ich war aus dem konventionellen Zeitgefüge mit seinen vierundzwanzig Stunden pro Tag und sechzig Minuten pro Stunde herausgefallen und folge heute meinem eigenen, inneren Zeitgefühl. Der kleine Buddha vor mir auf dem Schreibtisch hilft mir dabei, wenn es mir an Ruhe und Gelassenheit mangelt. Der Lernprozess, auf die innere Uhr, die eigentlich gar keine Uhr, sondern eine Stimme ist, zu hören, ist noch nicht abgeschlossen. Und es kommt noch immer zu Konflikten mit der traditionellen Zeiteinteilung. Ich verschätze mich hin und wieder. Komme zu spät zu Verabredungen oder gerate in Hektik. So bin ich teils noch immer das Opfer der undurchsichtigen Zeitführung Parkinsons mit häufigem Wechsel zwischen Verlangsamung und Beschleunigung. Bestimme aber von Tag zu Tag mehr das Tempo meines Lebens selbst. Die Zielrichtung ist klar. Und es ist nur eine »Frage der Zeit,« wann mein eigenes Zeitempfinden sich voll entfaltet. Dazu benötige ich keine Uhr. Im Gegenteil. Der Anblick von Uhren wirft mich in alte Verhaltensmuster zurück. Also habe ich alle Uhren aus meiner unmittelbaren Umgebung verbannt. »Anhalten alle Uhren«. Dieser Titel eines Gedichtes von W. H. Auden ist nicht nur programmatischer Ausdruck meines Begehrens, sondern auch eine höchst erstaunliche Formulierung.

Heute weiß ich, der Verlust meiner Armbanduhr war kein Zufall. Sondern die Konsequenz aus meiner persönlichen Entwicklung hin zu einem Leben ohne Zeit. In der Tat, ich brauche keine Uhr mehr. Und muss ich doch einmal wissen, wie spät es ist, dann gibt es noch genügend Uhren: Am PC, im Auto (wiewohl auch dort die Beleuchtung vor einigen Monaten ausgefallen ist), im Radio.

Ohne Parkinson hätte ich nie mein eigenes Verhältnis zur Zeit gefunden. Er hat mir die Akinese verpasst. Standardwitz: Ich muss zweihundert Jahre alt werden, um all das zu schaffen, was andere in hundert Jahren schaffen. Anfangs faszinierten mich die Auswirkungen der Retardierung von Geist und Körper. Sieben Jahre währte diese Phase. Sieben Jahre Schneckentempo. Langsamer Gang. Ewigkeiten beim Ankleiden. Beim Schreiben mit der Hand. Beim Zerschneiden von Fleisch. Beim Sprechen. Heute nervt mich die eigene Lahmarschigkeit. Parkinson hat mich vor die Entscheidung gestellt: Entweder du bleibst dieser lahme Typ von früher. Mit allen Konsequenzen. Dem der Tag nie lang genug ist und der der Zeit immer hinterherhetzt. Oder du änderst deine Einstellung grundsätzlich.

Das Ergebnis ist bekannt. Er hat mir Zeit geschenkt. Heute nehme ich mir Zeit, wann und soviel ich brauche. Der Satz »Ich habe keine Zeit« kommt mir nicht mehr über die Lippen. Wenn ein Mensch oder eine Sache es mir wert sind, dann nehme ich mir genügend Zeit für sie.

Es war exakt nach diesen sieben dürren Jahren. Jahre des Kampfes gegen und der Gewöhnung an Parkinson. Jahre des Lernens und der Versöhnung mit diesem rauen Gesellen. Es war beim Unterschreiben eines Bankauftrags vor einigen Monaten. Mit dem ganzen Gewicht meines Körpers stemmte ich meinen Namen in das Papier, Buchstabe für Buchstabe, als wäre der Schreibstift Hammer und Meißel und das Papier aus Granit. So mühsam war der Vorgang. So zäh. So zeitraubend. Ich spürte, wie Groll in mir aufzusteigen begann. Unmut. Frust über unverhältnismäßigen Aufwand für eine doch recht unbedeutende, selbstverständliche, alltägliche Verrichtung. »Schluss damit« warf ich Parkinson, der gerade hinter mir herumlungerte und die Bremse besonders stramm angezogen hatte, an den Kopf. »Ich hab's ja kapiert. Ich hab meine Lektion gelernt. Es langweilt mich. Immer dasselbe Theater. Ich hab's satt. Schluss! Aus!« Und versetzte ihm einen Tritt, dass er hinterrücks auf den Boden purzelte. Ich drehte mich nicht um. Ich hörte ein Ächzen. Ein Rumoren. »Was ist denn mit dem los? Das wirst du mir büßen …«

Und siehe da: Das Schreiben ging fortan flotter. Auch die anderen Verrichtungen gehen seitdem schneller. Es ist, als sei ein neues Zeitalter angebrochen. In der Schaltzentrale ist eine neue Devise ausgegeben worden. »Vorwärts! Los! Schneller! Hühott! Auf geht's!« Der Kutscher lässt die Peitsche knallen. Die Pferde legen sich ins Zeug. Die Lokomotive stößt zischend Dampf aus. Ich staune. Bewegung überall. Beschleunigung. »Volle Fahrt voraus!« Wer hätte das gedacht! Wer hätte das für möglich gehalten! Wie lange wird das anhalten? Was macht Parkinson? Wie wird er reagieren …?

Wieder Kraft in den Knochen. Welche Freude! Tiger im Tank. Wo kommt der her? Fast wie früher. Fataler Gedanke. Fast wie früher. Wenn es so ist wie früher … dann werde ich auch wieder in alte Gewohnheiten zurückfallen. Die einstmals Parkinson auf den Plan gerufen haben. Also Vorsicht! Wenn ich mich tatsächlich von Parkinson emanzipieren will, dann bitte alles daransetzen, das neue Leben wirklich neu zu gestalten. Besser. Anders. Schöner. Wahrhaftiger. Es ist einen Versuch wert. Alles daransetzen! Auf keinen Fall halbherzig. Daran glauben!

Immer wenn ich in den alten Trott zurückfalle, gebe ich mir einen Ruck, sage mir: »Los, leg einen Zahn zu, Junge.« Ich gebe mir sozusagen einen imaginären Tritt in den Hintern. Das hilft.

Auf dem Rhön-Kongress

»Ich hatte das Vergnügen, den Autor von *Mein Freund Parkinson* am Wochenende in der Rhön bei einer Lesung live zu erleben und ihn kennen zu lernen. Es war köstlich, eine Spur Sarkasmus und Humor, aber nicht ohne Ernsthaftigkeit. Seine bildhaften Schilderungen ließen die Sequenzen wie einen Film vor meinen Augen ablaufen. Die Lesung begann um 21.00 Uhr und endete gegen Mitternacht.

Er beschrieb mit schauspielerischem Einsatz eine mögliche Reaktion seinerseits auf den überhand nehmenden Gebrauch von Handys in der Bahn. Da er sehr unter Elektrosmog leidet, bereiten ihm auch Handys Unbehagen.

Er zog als mögliche Konsequenz den Vergleich mit alten Western heran, in denen der Held mit gezückten Revolvern auf die Theke springt und befiehlt: Die Schießeisen in die Ecke auf den Boden!

Das führte er mit imaginär gezogenen Revolvern vor, er sprang auf einen Tisch, so wolle er es demnächst in der Bahn machen. Und rief: Handys aus! Alle Handys auf den Boden werfen! Wobei er mit seinen ›Imaginär gezogenen Revolvern‹ herumfuchtelte. Und just in diesem Moment – klingelte meine Pillendose!!! Er richtete die Waffe auf mich. Wir haben viel gelacht über diesen beinahe ›tödlich‹ verlaufenden Irrtum. Ich glaube, er versprach, sich vor dem Schießen in Zukunft davon zu überzeugen, ob Pillendose oder Handy …«

Wie groß war seine Überraschung, als er, kaum zu Hause angekommen, diesen Bericht über seine Lesung auf dem Patienten-Kongress im Internet las. Es war seine Lieblingsszene, die er gerne erzählt, wenn er über seine Schwierigkeiten mit dem Elektrosmog spricht. Die Zuhörerin hatte die Szene vortrefflich beschrieben. Einfach köstlich. In dem Film, den er einmal über seine Erfahrungen mit der Parkinson'schen Krankheit zu drehen beabsichtigt, wird dies eine Schlüsselszene sein. Die Idee war ihm auf der Fahrt im ICE gekommen. Lange Autofahrten sind ihm sehr mühsam geworden, und so ist er auf die Bahn umgestiegen. Allerdings hatte er nicht damit gerechnet, dass sich die Hochgeschwindigkeitszüge für ihn in rollende Folterkammern verwandeln würden. Jedes Mal dasselbe Muster: Kaum hat er seinen Platz eingenommen, da zückt seine Nachbarin ihr Handy und teilt ihrem zurückgebliebenen Freund mit, dass sie den ICE wie geplant bekommen hat. Gleich darauf lässt sie ihre Familie am Zielort wissen, dass ihr Zug zehn Minuten

Verspätung hat. Sie sollen sich ruhig Zeit lassen und noch gemütlich Kaffee trinken. Sie würde aber kurz vor Ankunft noch einmal anrufen. Was sie auch tut: »Ich bin's noch mal. Wir haben nur noch fünf Minuten Verspätung. Ihr könnt euch langsam auf den Weg machen.« Bald darauf steigt sie aus und lässt unseren Helden mit Kopfdrücken und Beklemmung im Hals zurück. Wenig später nimmt ein Teenager neben ihm Platz. »Hallo Ernie. Sitze im ICE. Komme dich heute besuchen. Bin in zwei Stunden da. Ruf später noch mal an.« Er bittet seinen Nachbarn höflich, das Handy auszuschalten. »Kein Problem«, sagt der, will aber wissen, warum. »Kriege Kopfschmerzen davon«, die lakonische Antwort. Das leuchtet dem jungen Mann ein. Gerade steckt er das Gerät in seine Jackentasche, da bimmelt es zwei Reihen weiter vorne. Düdellüdelütt! Was tun? Er kann doch nicht jeden Einzelnen bitten. Schräg gegenüber arbeitet ein Geschäftsmann an seinem Laptop. Ihm ist mulmig zumute. Zu dem Schädeldrücken hat sich ein Ziehen und Zerren in der Rumpfgegend gesellt. Kurz entschlossen geht er ins Bistro und genehmigt sich einen Kaffee. Doch auch hier piepsen laufend die Handys. Also zurück in den Großraumwagen. Schließlich flieht er in die Pufferzone zwischen zwei Waggons. Lieber die restlichen zwei Stunden stehend verbringen, als sich dem E-Smog drinnen sitzend auszusetzen. Freedom at last ... Weit gefehlt. Dicht über seinem Kopf entdeckt er Leuchtröhren, deren Trafos große elektromagnetische Felder haben. Voilà! Es gibt kein Entkommen. Er schließt die Augen. Er spürt Wut im Bauch. Vor seinem inneren Auge läuft ein Film ab, in dem der Held mit gezücktem Revolver auf den Tisch springt: »Handys aus …«

Er vergisst immer wieder, dass er hypersensibel gegenüber elektrischem Strom ist. Merkwürdig. Und so sitzt er bald schon wieder im ICE. Das Drama beginnt von Neuem. Dieses Mal reagiert er anders auf den unsichtbaren Feind. Er lässt den Strom Strom sein. Konzentriert sich auf seine Arbeit und sagt sich: »Zähne zusammenbeißen. Da musst du durch. In 2 ½ Stunden bist du da.« Die Methode hat Erfolg. Trotzdem fährt er wieder vermehrt mit dem Wagen. Da ist er unabhängig, kann Pausen einlegen, wie und wann er will. Doch auch die Autoelektronik bereitet ihm zeitweise große Probleme. Zum Parkinson-Kongress in der Rhön fährt er mit dem Auto. Er rechnet mit zwei Stunden Fahrt. Will noch im Hellen dort eintreffen. Fährt aber zu spät los. In Frankfurt unterbricht er die Fahrt anlässlich einer Besprechung über eine Ausstellungseröffnung. Der Stopp kostet ihn zwei wertvolle Stunden. Und so kurvt er bei Nacht und Nebel durch ein gottverlassenes Naturschutzgebiet in der Hoch-Rhön. Enge Chaussee, keine Lichter, kein Mensch, gespenstische Atmosphäre. Ab und zu tauchen die Scheinwerfer eines ihm entgegenkommenden Fahrzeugs auf. Dann huscht ein Schild an ihm vorbei, ohne dass er es hätte lesen können. Er klammert sich krampfhaft am Steuerrad fest. Gerade hat er eine Kreuzung passiert. Trotz Nebel fährt er rückwärts. Und biegt rechts ab. Minuten später taucht ein riesiger Hotelkomplex schemenhaft aus der Milchsuppe auf. Am Rondell vor dem Eingang stauen sich die ankommenden Fahrzeuge. Welche Betriebsamkeit! Mitten in der Einöde! Es ist 19 Uhr. Am Schwarzen Brett liest er, seine Lesung ist für den Abend angesetzt. Beginn 21 Uhr. Gerade noch Zeit, einzuchecken, etwas zu essen und sich umzuziehen.

Der Kongress. Von Patienten organisiert. Für Patienten. Unter Ausschluss des Pharmakartells. Unter Ausschluss der Ärzteschaft. Hundertdreißig Betroffene samt Partnern. Erschreckend und wohltuend zugleich. Erschreckend, die massive Ballung von Behinderten. Besonders die bösartigen Fälle jagen ihm Angst ein. Angst, in ein paar Jahren in den gleichen Schuhen zu stecken. Erschrocken auch über einige Bekannte, deren Zustand sich seit der letzten Begegnung rapide verschlechtert hat. Ergreifend und heilsam zugleich der Schreck. Denn der Anblick schwer Betroffener bringt ihn stets wieder auf den Teppich der Realität zurück.

Die Abwesenheit von Pharmaindustrie und Schulmedizinern befreit die Gespräche und Diskussionen von medizinischen und medikamentösen Sachzwängen. Im Vordergrund steht stattdessen der Erfahrungsaustausch von Betroffenen untereinander. Eine repressionsfreie Zone. Er vergleicht sich unwillkürlich mit den anderen. Das Gefühl, dass es ihm noch ganz gut geht. Vergleichsweise. Zahlreiche Anregungen. Inspiration. Auch Bestätigung. Er lernt dazu. Patienten untereinander machen sich nichts vor. Warum auch. Er kann ihnen Glauben schenken. Sitzen im gleichen Boot. Ärzte wissen nicht, wie sich Parkinson anfühlt. Kennen das Krankheitsbild nur aus zweiter Hand. Je nach individueller Empathiefähigkeit können sie sich in den Patienten hineinversetzen. Ihr Leiden, ihren Schmerz, nachempfinden. Mehr oder weniger. Patienten untereinander verstehen in der Regel sofort, wovon der andere spricht.

Die Tendenz auf dem Kongress: Weg von der ewigen Debatte über Medikamente. Weg von den standardisierten Methoden der Schulmedizin. Stattdessen Suche nach alternativen Behandlungs- und Heilmethoden. Nach neuen Wegen. Nach neuen Antworten auf alte Probleme. Die Unzufriedenheit mit dem status quo ist groß und weit verbreitet. »Komme morgens nicht in die Gänge.« »Fühle mich immer erstarrt.« »Meine Medikamente greifen nicht mehr.« »Kann zeitweise überhaupt nicht mehr laufen.« »Wache nachts alle zwei Stunden auf und kann nur schlecht wieder einschlafen.« Jede neue Therapie weckt neue Hoffnungen: *Yoga, Reiki, Tai Chi, Johrei, Qi Gong, craniosacrale* Methode, *Biofeedback,* Akupressur, Meditation, Bioenergetik, *body electronics.* Neuer Glaube öffnet Türen zu neuen Welten: Buddhismus, Islam, Hinduismus, Zen. Jahrtausende alte Heilphilosophien versprechen Linderung, sogar Heilung. Die Erwartungen der unheilbar Kranken sind groß. Obwohl ihre Krankheit unheilbar ist. Weil sie unheilbar ist. Ohne Hoffnung, ohne Erwartung wäre das Leben hoffnungslos. Unerträglich. Sie brauchen die Hoffnung. Sie hoffen auf Heilung. Also gibt es sie.

Auf die Frage, ob es einen Gott gibt, antwortete Herr K. in Bertolt Brechts Geschichten von Herrn K., wenn du einen Gott brauchst, dann gibt es ihn auch. *In other words,* wenn du Heilung von außen willst, dann gibt es sie. Fatal daran, dass die Hoffenden ausschließlich auf Hilfe von außen warten. Dabei ist es einerlei, ob Heilung durch Medikamente, einen Arzt oder Therapeuten eintritt oder durch die Gen- oder Hirnforschung. »Aus tiefer Not schrei' ich zu dir!« Nichts weniger als ein Wunder wird erwartet. Lourdes lässt grüßen. Nun gut. Dann aber bitte schön auf den Knien dorthin rutschen. Der Weg ist das Ziel. Mit anderen Worten, du musst deinen eigenen Anteil zur Heilung beitragen. Selbstheilung heißt die Devise. Heilung: Das klingt nach Hände-in-den-Schoß-legen und: »Nun mach mal, Therapeut!« »Nun mach mal, Jesulein!« Wenn es wahr ist, dass wir unseren eigenen Beitrag dazu geleistet haben, dass die Krankheit sich in uns ausbreiten konnte, dann müssen wir mindestens ebenso große Anstrengungen unternehmen, um sie wieder loszuwerden. Je länger wir warten, desto länger dauert es, umso schwieriger der Prozess.

Unter allen Kongressteilnehmern wurde nur eine Stimme laut, die konsequent die Quelle einer anvisierten Heilung im Kranken selbst, im Ich sah. Die Genesung muss von innen kommen. Hilf dir selbst, dann hilft dir Gott. Endlich einmal eine Redensart mit einem Kern Wahrheit.

Talkshow

Ich stehe mit beiden Füßen genau auf der dafür markierten Stelle. Und kann in das grell ausgeleuchtete Studio hineinsehen. Hinter mir die technische Assistentin, die mich durchs Studio geleitet hat und mir gleich das Zeichen geben wird für meinen Auftritt. Bin völlig ruhig. Kein Zittern. Kein Herzklopfen. Keine Nervosität. Merkwürdig.

Es ist das erste und vielleicht das letzte Mal, dass ich zu einer *Talkshow* eingeladen bin. Und nun stehe ich da, wider Erwarten völlig ruhig. Die mich betreuende Redakteurin hatte mich mehrfach gefragt, ob ich aufgeregt sei, was ich jedes Mal verneinte. Mein ungewöhnliches Verhalten machte sie ihrerseits nervös.

Ich atmete noch einmal tief ein und vergewisserte mich, dass ich gerade stehe. Die letzten zwei Stunden haben sich mächtig in die Länge gezogen. Warten im VIP-Raum der Michael B. Turner Show. Drinnen wimmelt es von Gästen und den meist jungen Leuten, die zur Crew der Show gehören. An diesem Abend werden gleich zwei Sendungen aufgezeichnet. Man steht in kleinen Gruppen herum, Getränk in der einen Hand, Zigarette in der anderen, und unterhält sich. Heute Abend herrscht besonders große Aufregung. Ein Gast zieht alle Aufmerksamkeit auf sich. Eine Königin. Allerlei Vorsichtsmaßnahmen. Protokoll. Sicherheitsvorkehrungen. Alles zieht sich in die Länge. Unsere Aufzeichnung beginnt. Wir können sie auf einem Bildschirm verfolgen. Die Emissionen des Fernsehgeräts machen mir zu schaffen. Ich verlasse den Raum und gehe im Flur auf und ab. Doch auch hier herrscht noch zu viel Hektik. Ich verlasse das Gebäude. Im Dunkel des Hofes rauche ich eine Zigarette und trinke ein Bier. Kann in einem anderen Gebäude durch ein Fenster die Show auf einem Bildschirm mitverfolgen – ohne Ton. Ich sehe, wie die Königin von Jordanien die Fragen des Talkmasters ausführlich beantwortet. Die aus Amerika stammende, von vielen als sehr schön angesehene Frau gestikuliert dabei sehr grazil mit ihren Händen. »Das müsstest du auch können!«, sage ich mir. »Das sind vollkommene Bewegungen.« Ich bin neiderfüllt. Seit meiner Erkrankung ist der harmonische Ablauf meiner Bewegungen gestört. Jetzt fällt mir auf, dass auch der Talkmaster seine Worte mit heftigen Gestikulationen der Hände unterstreicht. Später, während der Show, lenke ich das Gespräch auf diese Tatsache hin. Dabei fuchtele ich mit beiden Händen vor mir in der Luft herum. Weder die Zuschauer noch ich können sagen, ob das »Verharren« der Hand vor meiner Brust echt ist oder nur Demonstrationszwecken dient. Diese Unsicherheit irritiert mich.

In das Dunkel des Hofes ist Leben gekommen. Mehrere Figuren streichen auf dem Hof umher, als suchten sie etwas oder warteten auf jemand. Dann fahren plötzlich mehrere schwarze Limousinen vor den rückwärtigen Eingang des Gebäudes. Schlagartig wird mir klar, das sind die Bodyguards und Chauffeure der Königin. In der Mitte die königliche Karosse. Davor und dahinter Geleitschutz. Jetzt verstehe ich auch, warum die Männer mich ständig misstrauisch beäugt haben. Ich musste ihnen verdächtig vorkommen. Ich hatte nichts auf dem Hof zu suchen. Stand einfach nur herum oder ging ziellos umher. Ein perfektes Szenarium für ein Attentat. Der tatsächliche Abgang der Königin vollzieht sich recht schnell. Ehe ich mich versehe, ist die blecherne Karawane auf und davon. Und ich um eine Enttäuschung reicher. Insgeheim hatte ich nämlich gehofft, dass ich während der *Talkshow* mit ihrer Majestät ins Gespräch kommen würde. Ich würde mich an sie ranschmeißen – sie ist ja schließlich verwitwet. So ein kleines Wüstenscheichtum mit ein paar Ölquellen drauf käme mir ganz gelegen. So wäre meine Altersversorgung gesichert. Schade.

Ein Mann kommt zu mir heraus und sagt, er glaube, man suche mich. Ha! Jetzt hatte sich der Spieß gewendet. Die *Crew* ist nervös, der Gast souverän und locker. Hatten wohl Angst, ich sei durchgebrannt. Der *Countdown* läuft. Noch einmal kurz in die Maske, dann ist es soweit. Die Viertelstunde draußen im Rampenlicht auf der Bühne läuft ab wie am Schnürchen. Gar keine Zeit, nervös zu sein. Keine Zeit, sich Gedanken über den Elektrosmog zu machen. Da hämmern mehrere hundert, wahrscheinlich tausend Watt aus Dutzenden Halogen-Scheinwerfern auf meine Rezeptoren im Gehirn ein, eine Portion, die mich normalerweise umhaut. Aber im Moment denke ich nicht daran. Auch ist es zu spät, mir vor laufender Kamera eine Strategie zurechtzulegen, was ich auf die Fragen des Moderators antworten soll, und vor allem wie. Als ich mir überlegen will, was ich unbedingt noch erwähnen soll, streckt mir der *Talkmaster* seine Hand entgegen und sagt: »Ich danke Ihnen, dass Sie gekommen sind …« In meinen Augen hatte ich auf der ganzen Linie versagt. Ich bin nicht einmal zu den *Very Important Questions* gekommen.

Über den äußeren Ablauf war ich einigermaßen zufrieden. Der Supergau war ausgeblieben. Kein *Freezing*. Keine E-Smog-Katastrophe. Keine Zitterpartie. Kein Stottern. Umso schlimmer, so schien es mir, war meine Sprache. Das, worauf es in einer *Talkshow* ankommt. Wenn überhaupt, dann macht sich meine Nervosität hier bemerkbar. Wie so oft, wenn ich in der Öffentlichkeit rede, gehen meine Gedanken mit mir durch. Mitten im Redefluss vergesse ich, was ich eigentlich sagen wollte. Beginne Sätze, nein lange Satzperioden, und verliere mitten im Gedankenfluss den Faden, den syntaktischen Faden. Weiß nicht mehr, wie ich den Satz begonnen habe, und schließe den Satz mit einem »bin« statt einem »habe« oder mit der Pluralform des Verbs, wo ein Singular hingehört. Sehr beliebt sind auch falsche, das heißt abgewandelte Redensarten. »Morgenstund … em … äh … ist aller Laster Anfang.« Statt »Vom Regen in die Traufe« rutschte mir einmal folgendes linguistisches Meisterwerk heraus: »Vom … Dingsbums in den … äh … Dingsbums.« Oder doppelt gemoppelte Ausdrücke wie »Er hat sich eine Möglichkeit … ermöglicht.« Oder: »Er hat das Essen gegessen.«

Beim zweiten oder dritten Anschauen der Videokassette lachte ich mich kaputt über die linguistischen Böcke, die ich während der *Talkshow* geschossen hatte. Je genauer ich hinhörte, desto mehr kamen mir meine Sätze vor, wie … ein Irrgarten aus Wörtern, in dem ich mich immer wieder von Neuem in Sackgassen verrannte. Ein Gestammele, fragmentarisch, kryptisch, unlogisch. Ein einziges Verhaspeln, Stolpern, Stottern und Staunen über die sprachlichen

Ruinen und Missgebilde, die ich in die Welt gesetzt hatte.

Anfangs wehrte ich mich gegen jene Freunde, die mir einreden wollten, das sei alles nicht so schlimm. Keiner hätte etwas gemerkt. Im Gegenteil. Ich sei sehr gut rübergekommen. Ja, ich hätte eine prima Show hingelegt. Zunächst dachte ich, sie wollten mich trösten. Mir Mut machen. Oder, ich schrieb ihnen einfach mangelndes linguistisches Bewusstsein zu. Wir Schriftsteller sind nun einmal sehr penibel, wenn es um Sprache geht. Gehen keine Kompromisse ein. Allmählich ließ ich mich aber überreden, dass eine *Talkshow* kein sprachliches Labor ist. Dass man dort eine breite Öffentlichkeit, sprich hohe Einschaltquoten, erreichen möchte. Und die erreicht man nicht mit einer hochgestochenen Kunstsprache. Wie dem auch sei. Als selbst Freunde, deren kritisches Urteil ich schätze, mir zu meiner Performance gratulierten, gab ich meine mitunter ans Masochistische grenzende Selbstkritik auf und ergab mich in mein Schicksal, nach dem Motto: Ehre, wem Ehre gebührt.

Trotz allem waren die Reaktionen auf die *Talkshow* überwältigend positiv. Fast ausnahmslos. Nur ein, zwei Personen, die der *Talkshow* Bildzeitungsniveau attestierten. Das Ereignis hatte Folgen, weit über den Anlass hinaus. Mein Selbstbewusstsein hatte einen ungeheuren Schub erhalten. Gegen die geballte

Bewunderung meiner Freunde hatten meine selbstzerstörerischen Zweifel, mein kleinbürgerlicher Bescheidenheitsfimmel, keine Chance. Mehr noch. Ich warf die Flinte ins Korn und nahm den Beifall hin, ja ich genoss ihn geradezu.

Anita

Erbarmungslos stürmen die Urgewalten auf Anita ein. Immer auf dieselbe Stelle. Tag und Nacht. Wie lange wird sie dem noch standhalten? Das Spektakel findet unmittelbar neben mir statt. Getrennt nur durch eine dünne Holzumwandung. An Schlafen nicht zu denken. Bei jedem Aufprall wirft es mich in die Höhe. Die Holzdecke nur eine Elle über mir. Das Gefühl, eingeschlossen zu sein. Wie in einem Sarg. Der Alptraum meiner Jugend. Das hölzerne Gerippe ächzt und krächzt.

Versuche mir anhand der Geräusche auszumalen, was draußen vor sich geht. Unter dem rhythmischen Peitschen die den schlanken Körper umströmende Flut. Plötzlich hören alle Geräusche auf. Pause in dieser schier endlosen Kakophonie. Was ist los? Holt Neptun zum letzten unheilvollen Schlag aus? Indem er Anita hinaufträgt, um sie einen Augenblick später umso heftiger in die Tiefe herunterkrachen zu lassen. Anita an der Grenze ihrer Belastbarkeit. Jedenfalls bilde ich mir das im Dunkel der Nacht ein. Nur zwei

Männer oben. Soll ich hinaufgehen und Hand mit anlegen? Was ist mit den anderen? Schlafen sie? Bei diesem Getöse! Oder lauschen auch sie dem Geschehen stillschweigend? Warum geht keiner hinauf? Manchmal übertönt ihr Schnarchen alle Geräusche. Beim Frühstück will es keiner gewesen sein. Also schieben wir die Schuld auf Anita.

»Anita schnarcht«, heißt es von da an. Ich habe Angst. Hier unten befinde ich mich in einer Falle. Oben sind die Chancen besser. Draußen hast du keine Zeit, Angst zu haben. Bist ständig beschäftigt. Schaust nach dem Mond, nach den Wolken, suchst den Himmel nach bekannten Gestirnen ab, kümmerst dich um die eigene Sicherheit. Eine Hand für Anita, eine Hand für dich selbst. Ab und zu dringt lautes Gegröle nach unten. »In einem Polenstädtchen, da traf ich einst ein Mädchen« … »Junge komm bald wieder« … »Ein Schiff wird kommen« … Das Polenmädchen hielt dem Ansturm männlicher Gewalt nicht Stand. In der zwölften und letzten Strophe entzieht sich die Schöne dem Stürmer und Dränger. Indem sie sich mit einem Pickel selbst erschlägt. Nicht einen Kuss konnte er ihr abtrotzen. Welches Schicksal erwartet Anita?

Ich steige die Holzstiege hinauf. Meine Befürchtungen entpuppen sich als Hirngespinste. Nach wie vor rast Anita durch die Nacht. Das Gefühl einer wilden Hetzjagd. Als käme es auf jede Sekunde an. Extreme Schräglage. Doch weit und breit kein Mitstreiter in Sicht. Der enorme Druck verleiht dem Boot Stabilität und presst Segel und Takelage gleichzeitig gefährlich weit zum Wasser hin. Der schlanke Bootskörper gleitet wie auf Schienen dahin. Eric, das Arabertuch verwegen zum Turban um den Kopf geschlungen, steuert die Yacht mit ruhiger Hand durch die aufgewühlte See. Schneidet geschickt die heranrollenden Wogen an. Die Crew unter Deck weiß es ihm zu danken. Es herrscht relative Ruhe unter Deck. Während unter der Direktion von weniger erfahrenen Rudergängern das Schiff einen wilden Veitstanz aufführt. Alles, was nicht niet- und nagelfest ist, fliegt durch die Gegend oder poltert hin und her.

Das Boot steht unter voller Besegelung. Man hätte bei Tageslicht die Sturmfogg setzen und das Großsegel reffen sollen. Das Besansegel hätte dem Boot die notwendige Stabilität verliehen. Die Manöver in der Dunkelheit auszuführen, zu riskant. Es stellt sich heraus, es ist keine Sturmfogg an Bord. Unverantwortlich. Die Segel ganz zu streichen, geht nicht. Anita verfügt über keinen Motor. Sie wäre zum Spielball der Naturgewalten geworden.

Keiner spricht über die Gefahren, die auf uns lauern, keiner trägt eine Rettungsweste. Die Devise lautet: *business as usual.* Als ein kleines Holzfloß – unbemannt – an uns vorbeitreibt, sagt keiner ein Wort. Jeder hat den gleichen Gedanken. Wir begegnen einem toten Pottwal. Der große weiße Bauch zeigt nach oben. Woran ist dieses mächtige Tier gestorben? Am selben Tag begegnen wir einer ganzen Herde von Walen, lebendigen Walen. Alles stürzt an Deck. Die majestätischen Tiere halten (ehrfürchtig?) Abstand zu Anita. Sie begleiten uns wie Flaggschiffe. Sprühen ihre Fontänen vor gezückten Kameras in die Luft.

Sein Schwanz sei zwischen den Bootskörpern eingeklemmt gewesen. Gernhart gibt wieder einmal eine seiner erotischen Phantasien zum Besten. »Könnt ihr euch überhaupt so einen Riesenschwanz vorstellen? Ihr mit euren Bonsai-Pimmeln?« Gerade habe ich den Kopf zur Luke rausgestreckt, da nimmt der stets angesäuselte bis schwertrunkene Gernhart mich auf's Korn. »Ah, da kommt ja unser Literat. Was meint der denn dazu? Zeig uns doch mal, was Phantasie ist.« Bloß nicht provozieren lassen, sage ich mir und schweige. »Nun, da schweigt des Sängers Höflichkeit. Ich will euch verraten, wie viel Power in so einem tierischen Schwanz steckt. Der Wal hat sich aus der Umklammerung befreit und mit seinem Riesenteil den Katamaran in zwei, drei Schlägen zertrümmert.« Die Geschichte ist wahr. Ich hatte davon im Radio gehört.

Mit Schwanz war allerdings die Schwanzflosse des Wals gemeint. Nicht sein Penis. Wir konnten von Glück sagen, dass die Wale, die uns mitten auf dem Atlantik einen Besuch abgestattet haben, gut gelaunt waren.

Es gab kein Entrinnen. Wir waren dem Verbalerotiker auf Gedeih und Verderb ausgeliefert. Segeln auf hoher See ist kompromisslos. Du kannst nicht plötzlich aussteigen. Wir bekamen zu spüren, was es heißt, die Weltmeere zu befahren. Ab einem bestimmten Punkt kannst du nicht mehr umkehren, denn zurück ist es genau so weit wie bis zu dem anvisierten Ziel. Also, gewöhne dich daran, dass du auch in den kommenden Tagen von nichts als Wasser umgeben sein wirst. 360 Grad, vom Schiff bis an den Horizont. Und darüber die Riesenglocke, die wir Himmel nennen. Ständig suchst du den Horizont ab. Alle zwei Tage entdecken wir einen Frachter, der genauso schnell wieder verschwunden wie aufgetaucht ist. Sobald dein Boot abgelegt hat, lässt du den Alltag hinter dir. Und lebst in dieser neuen Welt, für die Dauer des Törns. Du kannst, du musst, dich dem Segeln voll und ganz widmen. Du lebst nur im Hier und Jetzt. *I can get no satisfaction.* Hier kriegst du sie. Wenn du abgelegt hast, die Segel stehen, das Schiff macht Fahrt, du hast die Schot oder das Ruder in der Hand, dir scheint die Sonne ins Gesicht, und der Wind streicht dir um den Bart. Dann hast du Satisfaktion. Vorausgesetzt, du gehörst zum segelnden Teil der Menschheit. Satisfaktion. Die sich zur Leidenschaft steigern kann. Im Falle der Rennyacht Anita allemal.

»Wir müssten mal richtig segeln gehen«, sagte ich zu meinem Freund Oskar, mit dem ich in den letzten Jahren mehrfach zusammen gesegelt bin. Kleine Tagestrips auf Deutschlands Binnengewässern. Oskar lernt Segeln von der Pieke auf. Macht die verschiedenen Scheine, einen nach dem andern. Ich, Vorschotmann, Mitsegler. (Segeln hatte ich auf schwierigem Terrain gelernt. Auf Deutschlands größtem Fluss. Wer auf einem Fluss segeln kann, der kann überall segeln, pflegte ich zu sagen.) Segeln mit Oskar war für mich der Test, ob Segeln nach langer Pause für mich überhaupt noch in Frage kommt, ob ich noch fit genug für diese »Sportart« bin. Der Test fiel positiv aus. »Wir müssten mal richtig segeln gehen«. Immer wieder höre ich mich diesen Satz sagen. Bald konnte ich ihn nicht mehr hören. Ich versprach, Informationen einzuholen. Erkundigte mich, ob es die Yacht noch gibt, auf der ich als Schüler schon einmal gesegelt bin (eine Kreuzfahrt auf der Ostsee), wem sie gehört und ob wir da gelegentlich mitsegeln könnten. Gesagt, getan. Von da an überschlugen sich die Ereignisse. Telefonate, Website, »vier Mitsegler kurzfristig gesucht, zum Törn Azoren – spanisches Festland.« Vier Tage später traf sich die neunköpfige Crew im Frankfurter Flughafen. Wenige Stunden darauf landeten wir in Horta, auf der Azoreninsel Fajol. Dem Skipper hatte ich am Telefon gesagt, dass ich seit acht Jahren mit der Parkinsonschen Krankheit lebe. Die Ereignisse nahmen ihren Lauf. Ein Zurück gab es nicht mehr. Zu meiner Überraschung gab mir ausgerechnet Oskar zu bedenken: »An deiner Stelle würde ich mir die Sache noch mal überlegen.«

Ausgerechnet Oskar. Andere Freunde rieten mir, drängten mich geradezu, mitzumachen. Ein Segelfreund sagte: »Na klar, mach mit. Es wird ja ohnehin das letzte Mal sein.« Was niemand ahnen konnte, war: dass wir die ganze Fahrt über, von den Azoren bis La Coruna in Galizien, stürmisches Wetter haben würden. Dass wir für tausend Seemeilen keine 14 Tage benötigen würden, wie geplant, sondern acht. Dass wir die ganze Strecke hart am Wind und auf einer geraden Linie segeln würden. Dass wir nur zwei Wenden ausführten, die eine vor der Bucht von La Coruna, und die andere vor dem Yachthafen. Ein Fall für das Guinness-Buch der Rekorde. Dass die Kreuzfahrt für alle eine große Strapaze und Herausforderung war. »*The Big One*«. Für uns alle war die Atlantik-Überquerung per Rennyacht der Klasse K 12 Neuland. Und ausnahmslos überschritten wir alle unsere Grenzen. Hans, der in wenigen Tagen seinen achtzigsten Geburtstag feiern würde. Er hatte verschwiegen, dass er eine gewisse Krankheit habe. Gleich am ersten Tag auf den

Azoren mussten wir ihn zu einem Arzt bringen und Medikamente besorgen. Die ersten Tage und Nächte verbrachte er schlafend in seiner Koje. Wie alle Crew-Mitglieder war auch er zunächst seekrank. Später war er darauf versessen, ans Ruder zu kommen. Statt auf den Kompass war sein Blick stets auf den Geschwindigkeitsmesser gerichtet. Statt den vorgegebenen Kurs zu halten, prahlte er damit, der schnellste Rudergänger an Bord zu sein. Bei den Frauen spielte er den Sonnyboy. Die Baseball-Kappe mit Schirm nach hinten, immer lächelnd, wobei seine Goldzähne funkelten. Ein Angeber, der es mit der Wahrheit nicht so genau nahm. Als ich verschiedene Gegenstände von mir in seiner Tasche wiederfand, war es vorbei mit meiner Geduld.

Martin war in der Funktion des Skippers unerfahren. In brenzligen Situationen konnte er sich nicht durchsetzen. Es gab einen zweiten, mehr oder weniger heimlichen Skipper, der von der übrigen Crew anerkannt wurde. Da war Björn, der Single, der sich dadurch zum Außenseiter machte, dass er keinen Tropfen Alkohol trank und kaum ein Wort mit den anderen wechselte.

Zwei Frauen waren an Bord; sie befanden sich allein von der Anzahl her in Außenseiterposition. Die eine bekochte die gesamte Mannschaft. Jeder versuchte, sich mit ihr gut zu stellen. Die andere, jung an Jahren und überaus freundlich und attraktiv, nahm männlichen Bewerbern, die ihr zu nahe kamen, den Wind aus den Segeln, indem sie zu erkennen gab, dass sie mehr den Frauen zugeneigt sei als den Männern. Bleibt der 70-jährige Spediteur zu erwähnen, viel in der Welt herumgekommen und dank seiner Erfahrung hielt er die Crew, so gut es ging, zusammen.

Allesamt waren Außenseiter. Jeder auf seine Weise.

Früher hatten die Menschen Schutzheilige. Der heilige St. Florian schützte vor Feuer. Brückenheilige, bewahrten die Menschen vor Unglück beim Überqueren einer Brücke. Und so schützt Parkinson gewissermaßen vor sich selbst. Er will warnen. Vor sich selbst. Ein Zeichen setzen: Es kann noch schlimmer kommen. Gleiches mit Gleichem austreiben. Homöopathisches Prinzip. Den Teufel mit dem Beelzebub austreiben. Der Volksmund will davon nichts wissen. Andererseits, wer nicht hören kann, muss fühlen. Je weniger einer hören kann, desto größer die Schmerzen.

Wir waren neun *Crew-Members*. Eine Koje blieb unbesetzt. Da schläft Parkinson, sagte H. und grinste. Ich ließ sie in dem Glauben. Hegte aber selbst den Verdacht, dass Parkinson zu Hause geblieben war. Auch wenn ich nach dem Törn wochenlang Probleme mit den Knie- und Fußgelenken hatte, so ging es mir in anderer Hinsicht besser: Der allmorgendliche Rigor war wie verschwunden. Offenbar tat mir die Meerluft sehr gut (eine Sauerstoffkur gratis!). Und der psychologische Effekt überwog alles andere. Ja, es war noch möglich, das Segeln. Nicht nur ein Tagestrip. Sondern Segeln auf den Sieben Meeren unter extremen Bedingungen. Ich hatte den Test bestanden. Aber nicht nur das. Segeln auf der Anita wuchs sich aus zur Leidenschaft.

Segeln, darüber diskutieren die Leute nicht. Es ist ein *love it or leave it.* Wie das Theater. Und so ging die Idee zu segeln, richtig zu segeln, in mir auf, wie ein Hefeteig. Es war die Geburt von »The Big One«. Es entstand die Idee, einen Werbespot zu drehen, nach dem Muster von Beck's Bier und Barcadi Rum. Und der Film einer Atlantiküberquerung auf der Anita mit Prominenten an Bord. Papst, Ali, Fox, Thompson, Hoffmann. Zeigen, was mit Parkinson alles möglich ist. Beziehungsweise ohne. Ich fürchte, P. ist einer jener Menschen, die lieber festen Boden unter den Füßen haben.

Intermezzo: Rat der Weisen

Neurologe:	Du bist bestimmt der Einzige, der mit Parkinson über den Atlantik gesegelt ist.
Ich:	Mag sein. Jedenfalls war das ein Mordsabenteuer. Möchte ich nicht missen.
Schutzengel:	Hätte leicht ins Auge gehen können.
Ich:	Wusste ja nicht, dass wir acht Tage und acht Nächte Sturm haben würden. Ich dachte mehr an eine Woche Mittelmeer, Baden, Tauchen, Faulenzen, In-der-Sonne-liegen.
Parkinson:	Da warst du auf dem falschen Dampfer.
Psychologe:	Ab und zu braucht der Mensch halt Abenteuer.
Ostheopath:	Dann soll er sich aber auch nicht über ramponierte Knochen beklagen.

Parkinson: Anderen macht er solche Eskapaden zum Vorwurf. Grenzüberschreitungen. Größenwahn. Übersteigerter Ehrgeiz. Egomanie. Dabei benimmt er sich selbst nicht viel besser.

Ostheopath: Demnächst will er wieder segeln gehen. Auf derselben Yacht. Er lernt nichts dazu. Versteht die Zeichen nicht, die ihm sein Körper gibt.
Dieses Gefasel über »*The big one*«: Papst Johannes Paul, Ali, Gorbi, Fox, Hoffmann.

Psychologe: Lass ihm doch den Spaß, Herr Kollege. Er hat ja sonst nichts zu lachen.

Ostheopath: Spaß nennen Sie das. Wer auf eine Rennyacht ohne Motor auf den Atlantik geht, der weiß, was ihn erwartet. Schwerstarbeit für die Knochen.

Schutzengel: (Schickt ihn nach draußen, zwinkert ihm dabei zu.)

Parkinson: Also der nimmt in letzter Zeit den Mund ganz schön voll. Ich finde, wir sollten ihm bei Gelegenheit eine Lektion erteilen.

Ostheopath:	Da brauchen wir gar nicht nachzuhelfen. Der fliegt von ganz alleine auf die Schnauze.
Schutzengel:	(Lächelt und schweigt betroffen.)
Parkinson:	Kommen wir zur Abstimmung. Wer ist dafür, dass wir ihm einen Denkzettel verpassen? …
(Pause)	
	Zwei zu Zwei. Ach, unser Engelchen enthält sich wieder mal der Stimme.

Teil 2

(2005–2006)

Die Farbe Blau

Sie ist das Beste, was es auf der Welt gibt.
Sie ist die Farbe aller Farben.
Die blaueste von allen blauen.

Pablo Picasso

The House of the Rising Sun

Es war einer der längsten Winter gewesen, deren ich mich entsinnen kann. Endlich war der Frühling da. Sechs Monate lang Frost und Schnee. Ende April, Anfang Mai dann das Aufatmen. Frühling hielt Einzug. Ausgerechnet an dem Tag jedoch, an dem ich abermals, und dieses Mal endgültig, meinen Wohnsitz verlegte, verwandelte ein Schneesturm ganz Süddeutschland in eine tief verschneite Winterlandschaft.

Ich war mit dem Auto unterwegs. Mein Ziel: ein kleines Dorf im Oberbayrischen. Kurz nach Einbruch der Dunkelheit fing es südlich der Donau an zu schneien. Bald ging es nur noch im Schritttempo weiter. Auf der »Romantischen Straße« hatten sich mehrere Unfälle ereignet. Ich fuhr mit dem voll bepackten PKW westlich des Grenzflusses zwischen Bajuwarien und Schwaben, dem Lech, über die Dörfer weiter nach Süden. Überraschend tauchte aus dem Schneegestöber die Kontur eines Feinschmeckerrestaurants auf, dessen Pforte bisher immer, wenn ich mich besuchsweise in dieser Gegend aufhielt, geschlossen war. Nun lud mich das hell erleuchtete Lokal zur Einkehr ein. Bei einer ungewöhnlichen Spargelkreation und Schwarzbier feierte ich meinen Einzug nach Bayern, wenn der auch in Wirklichkeit eher einer Flucht glich als einem Triumphzug.

Ich hatte die ersten Studienjahre in Monaco di Bavaria verbracht und das Haus meiner Vorfahren im oberbayrischen Pfaffenwinkel war zu meiner zweiten Heimat geworden. Hier war meine Familie nach typischer Nachkriegsmigration, kreuz und quer durch ganz Deutschland, zur Ruhe gekommen. Meine Odyssee hatte allerdings den Umweg über das niederbayrische Regensburg genommen. Dann folgte ein Sprung über den Atlantik in den Mittleren Westen Amerikas, wo ich zehn lange, kalte Kontinentalwinter durchstand, mit Temperaturen bis zu fünfzig Grad minus und im Sommer bis vierzig Grad plus. Celsius, wohlgemerkt. Nach relativ kurzen Gastspielen an drei hessischen Universitäten und Theatern, mit einer Stippvisite in Tübingen, wäre beinahe der unspektakuläre, fast noch urwüchsige Odenwald, dessen sanfte Berghänge höher scheinen, als sie sind, zur endgültigen Heimat meiner jungen, dreiköpfigen Familie geworden, wäre diese nicht nach zwei Dekaden abrupt auseinander gefallen.

Besondere Umstände zogen mich nun zurück in den Süden. Der Kreis zwischen Studentenzeit und dem

Hier und Jetzt war im Begriff, sich zu schließen, der Kreis, auf dem sich mein reifes, erwachsenes Leben abspielte und auf seine Vollendung zuging.

In dieser schneereichen Frühlingsnacht, in dem Lokal mit dem Namen »Luitpold«, kam mir das Endgültige dieser Reise zum Bewusstsein. Mein Zuhause, das Haus meiner Eltern würde vielleicht letzte Station auf dieser Lebensreise sein. Das Gefühl dieser äußersten Konsequenz, dass hier ein Leben sein Ende nehmen könnte, erfüllte mich durch und durch. Die lähmende Angst vor der Zukunft war gewichen. Auch die Einsamkeit, die mich in der neuen, alten Heimat umgeben wird, hatte den Furcht erregenden Aspekt, der ihr so oft zugesprochen wird, verloren. Zwei Texte, denen ich in letzter Zeit begegnet bin, verdeutlichen dies: ein Roman und ein Gedicht. Der alte Gringo in Carlos Fuentes gleichnamigem Roman geht aus eigenen Stücken zurück nach Mexiko, um dort zu sterben. In dem Gedicht »Der Einsiedler« erscheint die Einsamkeit als etwas Naturgegebenes, Unabwendbares.

Maria Luise Weissmann

*DER EINSIEDLER**

Er hatte seit Jahren nicht mehr gesät.
Verstreut noch reifte ihm das Getreide.
Zuletzt ließ er den Hafer ungemäht,
Sein Pferd verlor sich auf der Weide.

Er brach eine Zeit noch Beeren vom Ast,
Als müsse er seinen Hunger stillen.
Dann vergaß er auch diese letzte Last,
Um seiner tieferen Ruhe willen.

Er saß vor der Hütte Tag und Nacht.
Die Hütte verfiel in Wind und Regen.
Allmählich wuchsen die Gräser sacht
Seinen Füßen und Knien entgegen

Und wuchsen langsam durch seine Hand.
Er ward wie ein Sieb, ohne Außen und Innen.
Gleichmäßig und ganz ohne Widerstand
Konnten die Jahre durch ihn rinnen.

* Aus: »Zeit ist dir geschenkt. Die schönsten Dichterworte«, Pendo 2001.

Das Haus ist am Westhang des Oberdorfes situiert. Von der Terrasse überblickt man nicht nur das Unterdorf, sondern man kann den Blick frei schweifen lassen bis zum Horizont, der sich weit über dem Lech, über Romantischer Straße hin, im Schwäbischen, erhebt.

Darüber wölbte sich die durch nichts und niemanden zu verdeckende Himmelsglocke, an deren linken Schnittpunkt mit der Erde das Gebirge zu sehen ist und wo sich die spektakulärsten Sonnenuntergänge, Wolkenformationen und Gewitter abspielen.

The House of the Rising Sun, das Haus der Sonne, in dem ich mein Licht zu finden hoffe, meine Wahrheit, meine Vollendung.

Viele Zeitgenossen pilgern nach Indien, verkennen aber, dass sie nur durch sich selbst zu ihrem Selbst kommen können. »Indien ist in dir«, halte ich diesen Jüngern entgegen. So ist das Haus das Haus des Lichts, das freilich nicht immer und schon gar nicht so von Anfang an schien. Erst müssen noch die vielen Sackgassen durchlaufen werden, bis sich schließlich die Tür öffnet, in der das Licht scheint. Mein Licht. Welche Tür das ist, wir wissen es nicht.

There is a house in New Orleans,
they called the rising sun.

Wie das Haus in *New Orleans* liegt das Domizil meiner Familie im tiefen Süden der Republik, im Lech-Tal, in Oberbayern. In unserem Dorf spricht man uriges Guttural-Bajuvarisch. Auf den Auen jenseits des Lechs schwäbelt man munter drauflos.

In diese alemannische Gegend war ich nach siebenunddreißigjähriger Abwesenheit zurückgekehrt. Wenn überhaupt, dann bin ich hier zuhause. In dem Haus meiner Familie.

Nun ist dieses Bauernhaus auf den östlichen Anhöhen des Lechufers eher das Haus der untergehenden Sonne, der spektakulären *Sunsets*, die sich allabendlich am Horizont darbieten. Von den Alpenausläufern bei Kempten im Allgäu bis hin zur Epfacher Lechkurve, über der sich manchmal der Polarstern zeigt. Hier hat sich der Kreis geschlossen nach langer Odyssee. Der verlorene Sohn ist an den elterlichen Herd zurückgekehrt. Doch die Herdplatte war kalt. Aus dem Schornstein stieg kein Rauch mehr auf.

I'm going back to New Orleans.
My race is almost run,
I'm going to spend my life
Beneath that rising sun.

Schon einmal war ich gen Süden aufgebrochen, doch der erste Anlauf misslang. Es war der vierte Dezember 2005.

Wie so oft brach ich erst spät auf. Die Dunkelheit hatte schon eingesetzt. Die Fahrbahn regennass. Mein Gefühl sagte mir, fahr morgen früh. Sechs Stunden Fahrt, das ist anstrengend, du hast schon gepackt, da kannst du beizeiten aufbrechen. Aber der Verstand behielt die Oberhand. Jetzt bist du schon unterwegs. Bist die Strecke schon x-Mal gefahren, ab geht die Post.

Das Rütteln des Wagens weckt mich schlagartig auf. Fahrer und Wagen befinden sich nicht mehr auf der Straße, sondern rasen mit hoher Geschwindigkeit den Graben parallel zur Fahrbahn entlang. Ich habe das Gefühl, als säße ich auf dem Pilotensitz eines Jumbo Jets und versuche, das Monstrum zum Stillstand zu bringen. Aber es besteht keine Zeit nachzudenken. Intuitiv versuche ich, die Spur zu halten und zu bremsen und, als vor mir ein Hindernis auftaucht, aus dem Graben herauszusteuern. Das alles geht blitzschnell. Der frontale Aufprall auf die Betonröhre beendet alle Manöver und bringt das Fahrzeug zum Stehen. Ich stehe unter Schock. Ein dumpfer Schmerz in der unteren Wirbelsäule. Ich probiere, herauszufinden, welche Körperteile ich noch bewegen kann. Panikgedanken, Lähmung.

Totalschaden. Vorsichtig und mit letzter Kraft befreie ich mich aus dem Wagen. Dichter Feierabendverkehr. Nicht ein Wagen hält an. Verzweiflung macht sich breit. Auf ein Mal sind zwei junge Leute da, die mir helfen, dann Rettungswagen, Polizei, Abschleppwagen, Unfallstation, Röntgen, CT, usw. Wirbelfraktur, zwei Wochen Krankenhaus, Schmerzen. Zehn Monate Gehbeschwerden.

Sekundenschlaf

Gefährlich ist der Sekundenschlaf nur beim Autofahren. Ansonsten ist er allenfalls ärgerlich. Sekundenschlaf hat nichts zu tun mit jener Müdigkeit, das Am-Steuer-Einschlafen, das jeder Autofahrer kennt: Du sitzt am Steuer deines Wagens, und mit einem Mal merkst du, wie du müde wirst. Du fängst an zu gähnen, du atmest tief durch, hältst dich krampfhaft am Steuer fest, kurbelst das Fenster neben dir herunter und lässt Sauerstoff ins Auto. Du merkst, wie dein Körper warm und schwer wird. Die Augen wollen zufallen, werden immer kleiner. Aber du hältst sie mit eisernem Willen offen. Der Vorgang wiederholt sich. Bei der nächsten Gelegenheit fährst du rechts raus, legst eine Pause ein. Trinkst einen doppelten Espresso.

Sekundenschlaf ist anders. Er passiert ohne eigentliche Vorwarnung. Klack!!! Und schon sind die Augenlider zugeklappt. Als wären sie aus Blei. Wie ein Sargdeckel. Blitzschnell. Wenn du aufwachst, kommt es dir vor, als hättest du tief und lange geschlafen. Gleichzeitig fährt dir ein Mordsschrecken durch die Knochen. Am Steuer eingeschlafen! Tief und fest geschlafen! Tatsächlich habe ich aber nur ganz kurz geschlafen. Den Bruchteil einer Sekunde. Der Sekundenschlaf ist eine Täuschung. Die normale Müdigkeit nicht. Der Sekundenschlaf überkommt dich wie ein Blitz aus heiterem Himmel. Dabei herrscht weniger das Gefühl, müde zu sein, vor. Vielmehr das Gefühl, total erschöpft zu sein. Ausgebrannt. Da hilft auch ein Stopp an der Raststätte nicht. Es ist, als sei die Batterie leer. Als habe jemand den Stecker rausgezogen.

Die Umstände, unter denen mich der Sekundenschlaf am Steuer meines Wagens »übermannte«, sind mir genauestens in Erinnerung. Das erste Mal passierte es nachts nach einer Lesung an einem Kreiskrankenhaus in Franken. Wir fuhren von dort zur Residenzstadt zurück. Ich folgte dem Wagen vor mir, in dem ein junges Paar saß, das mich eingeladen hatte, bei sich zu übernachten. Ich durfte den Wagen nicht aus den Augen verlieren. Da geschah es: Zack! Nicht einmal, sondern dreimal hintereinander! Aller guten Dinge sind drei!

Ich habe ein Mordsglück gehabt. Ich war drauf und dran, meinen Führerschein abzugeben.

In der Folgezeit trat das Symptom in den Hintergrund und tauchte noch ein paar Mal in unregelmäßigen Abständen auf. Heute scheint es verschwunden, wie so manch andere Nebenwirkung gewisser Medikamente auch. Allerdings erst, nachdem ich Lehrgeld bezahlt hatte.

Von meinem Unfall habe ich bereits berichtet. Das dritte Mal wäre nicht so glimpflich abgelaufen, wenn meine Beifahrerin mich nicht aus dem Tiefschlaf herausgebrüllt hätte. Ich schreckte auf, sah einen Wagen direkt auf mich zukommen und wusste sofort, du hast, wenn überhaupt, nur eine Chance. Das Steuer sofort herumreißen. Gesagt, getan. Wir sind noch ein Mal davongekommen. *By the skin of our teeth.* Ich hatte dem Tod ins Auge geschaut. Ich fuhr eine Zeitlang kein Auto mehr.

Heute weiß ich, in welchen Situationen der Sekundenschlaf auftritt. Ich vermeide dann das Autofahren oder fahre sofort rechts ran. Mit Parkinson sind keine faulen Kompromisse zu schließen.

Das Fest

Wer denn alles käme, fragte mich Sandra am Telefon. Sie wollte sich ein Bild machen von den »Festivitäten«, um zu entscheiden, ob sie den langen Weg in den Süden auf sich nehmen sollte oder nicht. Ich beschwor sie, auf alle Fälle zu kommen; ich rechne mit ihr. Eingeladen sei alles, was Rang und Namen hat, wer mir lieb und teuer sei. Es sei eine gute Gelegenheit, zusammenzukommen und zu feiern. Man wisse ja nie, wie die Zukunft aussieht, sie wisse schon.

Ob er denn auch käme, wollte Sandra wissen. Ich sagte, man kann nie sicher sein, was P. vorhat. Er lässt sich nicht in die Karten schauen. Wiewohl ich in letzter Zeit das Gefühl habe, er lasse sich mehr und mehr auf einen Dialog ein. Wohl deshalb, weil die Betroffenen heutzutage besser informiert sind. Im Großen und Ganzen aber ist P. nach wie vor der souveräne Herrscher über die von ihm Gezeichneten. Launig und unberechenbar. Zwar hat er sich in letzter Zeit ein wenig von mir distanziert –, aber das will nichts heißen. Wie ein DEUS EX MACHINA steht er urplötzlich da. Es schaudert mich manchmal geradezu, wenn er wieder auftaucht. Hatte ich doch still und heimlich gehofft, ich hätte ihn abgeschüttelt.

Das Fest. Eigentlich zwei Feste. Ich hatte nach zehnjähriger Parkinsonerkrankung ein Fest geplant mit Familie und Freunden, Kollegen und allen, die mir nahe stehen. Ein Fest, um die Beziehungen zu erneuern, zu bestätigen und zu festigen.

Zehn Jahre, das ist kein Pappenstiel. Es war an der Zeit, einzuhalten, um zu überlegen, wo stehe ich und wie soll es weitergehen.

Nun hatte sich mein Gesundheitszustand just zu dieser Zeit in bedenklichem Maße verschlechtert, sodass ich mich kurzfristig in eine Fachklinik begeben musste. Alles war für das Fest vorbereitet, unzählige Einladungen verschickt. Das Haus der 99 Türen festlich hergerichtet, Getränke und kulinarische Köstlichkeiten gab es in Hülle und Fülle, man hätte eine ganze Armee eine Woche lang damit verköstigen können. Kurzum: Die Dinge nahmen ihren Lauf. Absagen kam nicht in Frage. Ich war fest entschlossen, mich für die Dauer des Festes aus der Klinik loszumachen.

Grund zum Feiern und Jubilieren hatte ich derzeit eigentlich nicht. Aber kann man einer Krankheit nicht auch durch Tanzen, Singen, Feiern und Musizieren den Garaus zu machen? Hat nicht der

Kranke, der Arme, der Leidtragende mindestens ebenso das Recht zu feiern wie der Gesunde?

Da Parkinson nie auf meinen Brief geantwortet hatte, kam mir der Verdacht, dass er die Gelegenheit zu seinen Gunsten nutzte, ohne mit irgendjemandem darüber zu sprechen. Es schien, er würde nicht nur an den Festivitäten teilnehmen und, wie gewohnt, im Hintergrund bleiben.

Sondern er schien die Situation bewusst in seinem Sinne zu manipulieren. Jedenfalls tauchten seine Kumpanen auf. Es wurde die Musik gespielt, die er liebt, nämlich ausschließlich moderner Jazz.

Im Spielkasino sah man ihn nächtelang in einer eingeschworenen Pokerrunde. Und in vielen Diskussionen war er Wortführer. Oder er schickte einen seiner Strohmänner in den Ring. So münzte er mein Fest zu seinen Gunsten um. Er feierte sein Fest in meinem Fest. Sodass eine merkwürdige Situation entstand: Es wurden hier zwei Feste gefeiert. Was von der Sache und dem Anlass aus gesehen, gar nicht so absurd war, wie es zunächst schien.

Wie dem auch sei. Es kamen Hunderte von Gästen. Es wurde nächtelang gefeiert, gegessen und getrunken, was das Zeug hielt. Die Menschentrauben verteilten sich über das ganze Haus und jeder versuchte zu erkunden, was sich hinter den vielen Türen verbarg. Ohne es an die große Glocke zu hängen, hatte

Parkinson als Antwort auf meinen Brief – also hatte er ihn doch gelesen? – ebenfalls ein großes Fest organisiert. Jedenfalls fanden sich zum gleichen Zeitpunkt Parkinson und seine Leute im Haus der 99 Türen ein. Niemand wusste genau im Voraus, wer eingeladen war, wer käme und was in dieser Nacht passieren würde. Das Fest war von Anfang an geheimnisumwittert.

Das Haus der 99 Türen

Ob es nun genau 99 Türen waren, das weiß keiner genau zu sagen. Spätestens bei der Ziffer 66 kommt der eifrige Zähler ins Schleudern. Denn die Zahlen beginnen wie Puppen vor seinen Augen zu tanzen, und bevor er sich's versieht, haben sich seine Zählungen umgekehrt, ist aus der 66 eine 99 geworden. Was die Beschaffenheit der Türen selbst anbelangt, so sei dem Leser versichert, seiner Einbildungskraft sind keine Grenzen gesetzt. Im Gegenteil, seiner Phantasie sind TÜR und TOR geöffnet. Wie nicht anders zu erwarten, gibt es große und kleine, dicke und dünne, schwere und leichte Türen. Manche stehen offen, andere sind fest verschlossen, sind auch mit Gewalt nicht zu öffnen. Auch werden, umgekehrt, offene Türen gerne eingerannt. Wie in Tausendundeiner Nacht, so sind auch sie hier nur mit einem Zauberwort à la »Sesam öffne dich!« aufzuschließen. An manchen Türen steht ein Türhüter. Ohne sein Einverständnis kommt niemand an ihm vorbei ins Innere.

Die Gäste flanieren von einer Tür zur anderen, schauen hier herein und dort, informieren sich bei Bekannten und Freunden, was es denn in dem einen oder anderen Raum zu sehen, hören und erleben gäbe. Im Laufe der Zeit kristallisiert sich immer mehr heraus, dass der Eintritt bei bestimmten Türen ganz bestimmten und besonderen Menschen vorbehalten ist. Nicht jeder kann jederzeit überall hinein. Im Übrigen wird die Funktion vieler Türen noch dadurch verschleiert, dass sie nicht alle frontal angebracht sind, sondern an der abgewandten Seite der Halle. Ja, in manchem Raum kann man nur durch eine Luke aus dem Nachbarraum gelangen. Ein Gast soll in diesem Irrgarten aus Türen sogar verschwunden sein. Was ich für ein Gerücht halte. Bleibt zu erwähnen, dass die Gäste bei ihrer Ankunft darauf aufmerksam gemacht werden, dass für jeden eine spezielle Tür vorgesehen sei. Die ganze Information in typisch zweideutiger Manier, wie sie Parkinson eigen ist. Wer »seine« Tür nun gar nicht finden kann, dem bleibt immer noch die Möglichkeit, von der besonders die Kinder begeistert sind.

Es gibt mitten im Haus eine große schwere Drehtür, die, wenn sie einmal in Gang gekommen, nur noch ganz schwer zu stoppen ist. Deshalb müssen die Personen, die in einem der Segmente mit der Tür im Kreis herumlaufen, irgendwann aus dem Bannkreis herausspringen. Durch die Fliehkraft werden sie in eine bestimmte Richtung geschleudert, die zu einer der 99 Türen führt. Ein menschliches Roulette.

Wir wollen nicht verheimlichen, dass es Geheimtüren gibt, ferner Schwingtüren, wie man sie in Restaurants und Western-Saloons anzutreffen pflegt. Auf manchen Türen sind Aufkleber angebracht mit der Aufschrift: *push and pull.* Wäre dort eine geheime Kamera angebracht, sie könnte die witzigsten Szenen festhalten.

Denn »push« heißt ziehen, und »pull« drücken. Oder umgekehrt?

Im Spielkasino

Hinter einer Tür mit einem Schild: Spielzimmer, trafen sich mehrere Personen zu einem Brettspiel, das sich »Einanderspiel« nannte. Sie saßen um einen Tisch herum, auf dem ein Spielbrett ausgebreitet war, mit schlangenartigen Feldern, Figuren, Würfeln und Kartenstapeln. Als ich hereinkam, las eine Frau die Fragen vor, die auf der Karte, die sie gezogen hatte, stehen: »Sie sind aus dem Familienfeld ausgebrochen und auf dem Tourbo Rondell gelandet: a) zurück ins Familienfeld. Erneuter Versuch: b) zur Familientherapie, c) zum Amtsgericht. Scheidung, d) lassen Sie alles stehen und liegen und schmeißen sich an den nächstbesten Liebhaber ran.« Der Spieler wählt a) und kommt auf das Zeichen »Miteinander«. Später finde ich mich bei diesem Spiel wieder und soll zu meiner Ex-Frau zurückkehren. Diese Beziehung sei noch nicht erledigt und für meine gesundheitliche Malaise mitverantwortlich. Alle nehmen dieses Spiel dermaßen ernst, dass ich gar keinen anderen Weg sehe, als in den nächsten Tagen tatsächlich einen Brief an meine ehemalige Frau zu richten. Ich schlage ihr vor, es noch einmal miteinander zu versuchen. Und es gestaltete sich dieses Spiel als ein munteres Treiben von Beziehungen, die vom friedlichen Miteinander und Füreinander über das Nebeneinander, Voneinander, Durcheinander bis hin zum radikalen »Ohneeinander« reichten.

Ich empfand mein Verhältnis zu Parkinson, auf das ich zusteuerte, als ein endgültiges »Ohneeinander«.

Das Lied der Spottdrossel

Parkinsons Sprache ist »uneigentliches Sprechen«. Es ist die Sprache der Ironie. Durch die Krankheit will er dem Betroffenen etwas sagen. Dem Akinetiker (Akinese gleich Verlangsamung aller motorischen Bewegungen) sagt er: Du bist ein langsamer Typ, ein Bummelant. Ich verstärke deine Bummelei noch, damit du merkst, so geht es nicht weiter (in der Sprache der Ironie wäre dies das Mittel der Übertreibung.) Den Rigor verschreibt er den steifen, unflexiblen Typen und das Zittern den Angsthasen. Zittern ist, behaupte ich, ein Ausdruck von Angst. Um Parkinsons Sprache besser zu verstehen, stellen wir an dieser Stelle Betrachtungen über die Ironie voran.

Lateinunterricht, Obertertia, kurz nach meiner Umschulung. Vom neureichen Kronberg ins kurstädtische Wiesbaden. Ich stehe an der Tafel. Herr D., gefürchtet für seine Strenge, diktiert. Ich schreibe, er sagt, kannst du nicht noch größer schreiben! Ich tue, was er sagt, und Herr D. schreit mich an: »Was fällt dir ein, so eine Unverschämtheit.« Ich bekomme einen Eintrag ins Klassenbuch. Fliege hochkant zum Klassenzimmer hinaus.

Ich war mir keines Vergehens bewusst, habe lediglich die Anordnungen von Herrn D. befolgt. Irgendetwas stimmte hier nicht, Herr D. muss sich versprochen haben.

Hinterher fand ich heraus, was er meinte. Mit genügendem Abstand von der Tafel konnte man sehen, was los war. Ich sollte »kleiner« schreiben, nicht »größer«. Warum hat er das nicht gesagt? Warum hat er nicht gesagt, kannst du nicht ein bisschen kleiner schreiben? Warum sagt er das Gegenteil von dem, was er eigentlich meint? Er sagte, ich solle größer schreiben. Das habe ich getan.

Jetzt hatte ich es mir ganz mit Herrn D. verdorben. Dabei hatte alles so vielversprechend begonnen. Binnen weniger Wochen war ich zum Musterschüler von Herrn D. avanciert. Ich steckte alle Mitschüler in die Tasche. Latein konnte ich aus dem FF. Ich bewegte mich auf eine Eins zu. So etwas war mir noch nie passiert. Doch dann kam der Tag X, und von da an ging's bergab. Im Handumdrehen war ich auf eine Fünf abgerutscht. Herr D., enttäuscht, verstand die Welt nicht mehr. Ich schon. Der Vorsprung, den Kronberg vor Wiesbaden hatte, war auf Null zusammengeschmolzen.

Ironie. Man sagt A und meint B. »Das hast du aber toll gemacht!«, kann als Lob gemeint sein, aber auch als Tadel. Kinder können mit solch doppelbödigem Sprechen nichts anfangen. Sie nehmen die Sprache beim Wort. Sie sind froh, wenn sie sich mit Erwachsenen direkt und unumwunden verständigen können. Wortwörtlich. Buchstäblich. Hintergedanken sind Kindern fremd. Der Lateinlehrer, Herr D., hätte einen Eintrag ins Klassenbuch verdient. Sein »uneigentliches« Sprechen war Schuld daran, dass ich Riesenlettern an die Tafel malte, von Bösartigkeit meinerseits keine Spur.

Ist Ironie vererbbar? Meine Mutter wurde schon in jungen Jahren »Spottdrossel« genannt. Auf diesen Hang zur Verspottung war sie stolz. Sie hat diese Neigung bis ins hohe Alter beibehalten. Wenn Ironie vererbbar ist, dann habe ich ohne Zweifel die Neigung zur Lächerlichmachung von meiner Mutter geerbt.

Jahrzehntelang hat sie mir Ironie *in action* vorgelebt. Ich habe die Ironie mit der Muttermilch eingesogen. Gleichzeitig musste ich auch häufig selbst als Zielscheibe herhalten.

Ich spielte leidenschaftlich gern Fußball. Jedes Kind wünscht sich, dass die Eltern einmal bei besonderen Spielen dabei sind. Mein Vater war beruflich oft verreist, meine Mutter begleitete mich nur ein einziges Mal auf den Sportplatz. An diesem denkwürdigen

Tag schoss ich ein Tor. Sie erzählte diese Geschichte immer wieder: »Allerdings war es ein Eigentor!«. Dann lachte sie. Ich habe als Kind dieses Lachen nicht verstanden und noch heute bin ich gekränkt. Schadenfreude ist die beste Freude, sagt man. Allerdings gilt auch der Satz: »Wer den Schaden hat (Eigentor), braucht für den Spott nicht zu sorgen.« Satire zielt natürlich immer auch auf die Veränderung des Verspotteten.

Ich habe dieses Lachen, die Freude über mein Pech, nie verstehen wollen. Es war eine Kränkung.

Satire und Ironie, jedenfalls die bösartigen Varianten, machen vor nichts Halt und nehmen nichts und niemanden ernst. Eigentlich dienen sie immer nur der Satisfaktion dessen, der Ironie und Satire als Waffen benutzt. Konfrontiert man ihn, so wird er sich immer darauf berufen, dass alles doch gar nicht so ernst gemeint sei. Er dreht den Spieß um. Wirft seinem Zielobjekt vor, es verstünde keinen Spaß.

Ironiker nehmen sich selbst vom Hier und Jetzt aus. Sie tun so, als stünden sie über den Dingen, und machen ihre ironischen Bemerkungen von einem extraterrestrischen Standpunkt aus. Ihr Lachen, ihre Schadenfreude, ihr Hohn laufen insofern außer Konkurrenz; es ist nicht das Lachen meiner Mutter über mein Missgeschick – das würde sie heftig in Abrede stellen –, sondern es ist das Lachen der Spottdrossel. Einer anderen. Eines fremden Wesens, das sich ihrer Zunge ungefragt bedient. Es ist ein diabolisches Lachen, für das sie keinerlei Verantwortung übernehmen würde. Dem Ironiker sitzen gleichsam zwei Seelen in der Brust. Er hat etwas Schizophrenes an sich, über das er im Grunde keine Gewalt hat.

Das zu seiner Verteidigung. Kein Freibrief für Beleidigungen und Anzüglichkeiten.

Humor, Witz und Ironie waren von früh an eine Brille, durch die ich die Welt betrachtete. An der Tür meines Kinderzimmers prangte der Spruch: »Humor ist der Schwimmgürtel auf dem Strome des Lebens.« Er wird dem Erzähler Wilhelm Raabe zugeschrieben. Mein ureigenes Metier war und ist die Sprache. Die deutsche und die englische. Über viele Jahre hinweg waren Wortspiele und Redensarten meine bevorzugten Kommunikationsmittel. Unter Berufung auf den so genannten Volksmund kann man mit einer populären Redensart alles beweisen. Oft gibt es ein Idiom zugunsten eines Sachverhaltes und ein zweites, das anscheinend genau das Gegenteil beweist. Auf diese Weise kann man seinem Gegenüber mir nichts, dir nichts das Wort im Mund umdrehen. Ich bin eigentlich ein geduldiger Zuhörer. Oft sitze ich schweigend in einer Runde und laure auf eine gute Gelegenheit, durch eine ironische Bemerkung dem Gespräch eine überraschende Wendung zu geben.

Kein Wunder, dass Ironie, Satire, Witz und Humor sich in meiner Schreibwerkstatt als die wichtigsten Stilmittel niedergeschlagen haben. Dabei nicht die sanfte Zuckergussironie, sondern die verletzende, maligne Variante, mit der maßlosen Übertreibung (Hyperbel) und der Umkehrung als stärkste Waffe. Letztere hat schon oft für Verwirrung gesorgt. Man sagt A und meint B. Das beste Beispiel dafür, das ich kenne, ist Henry Fieldings Roman *The Life of Jonathan Wild, the Great.*

Erzählt wird die Geschichte eines der größten Verbrecher aller Zeiten, allerdings in Form eines Lobliedes. *Fielding* preist seinen Helden in den allerhöchsten Tönen und dabei wird er manchen Leser auf seiner Seite haben. (Ist es doch gar nicht so selten, dass die Sympathien des Lesers auf Seiten der Bankräuber oder skrupellosen Westernhelden sind.) Dennoch will *Fielding* natürlich genau das Gegenteil bewirken: Der Roman ist von A bis Z eine vernichtende Kritik des Schurken *Jonathan Wild.* Ein anderes Beispiel ist *Fieldings* Farce »Leben und Tod von Däumling, dem Großen«. Die Hauptfigur dieses Schauspiels ist ein Zwerg, der allerdings – das wusste jeder Zuschauer des Achtzehnten Jahrhunderts – den Großen verkörperte, also sein exaktes Gegenteil: Gemeint war der korpulente Premierminister Robert Walpole, der im Volksmund »Der Große« genannt wurde. Also auch hier die ironische Umkehrung.

Es ist schon eine merkwürdige Sache mit der Ironie und ihrem doppelgesichtigen Januskopf. Sie tritt einmal als arrogantes Lästermaul auf, das die gesamte Schöpfung in Wort, Schrift oder Bild durch den Kakao zieht und dadurch den Zorn der Götter heraufbeschwört. Sie ist nicht Ursache gewisser Missstände, sondern ein Weg, der die Unbilden der Welt erträglicher machen kann. Ironie macht Unerträgliches leichter. Das berühmte befreiende Lachen. Für die Spottdrossel heißt das: Angenommen, es steht eine göttliche Macht hinter der Schöpfung, dann muss die Haltung des Ironikers eine permanente und systematische Verletzung des obersten Gebotes sein: »Du sollst keine anderen Götter haben neben mir.«

Jeder traditionelle Schriftsteller, der die Position eines allwissenden Beobachters einnimmt, macht sich dieses Vergehens schuldig. Und die Einrichtung eines solchen, über den Dingen schwebenden Narrators impliziert immer auch ein gewisses Maß an Ironie.

Es gibt nur einen einzigen Weg aus dieser Malaise: Der Ironiker selbst sollte sich in die Ironie mit einbeziehen. *Henry Fielding* hat im Schulterschluss mit seinem Malerfreund *William Hogarth* demonstriert, was darunter zu verstehen ist. In *Hogarth's* Bild *Characters and Caricatures* befinden sich, man ahnt es schon, die Köpfe beider Künstler im Zentrum, gnadenlos überzeichnet, ohne Rücksicht auf Verluste. Dem Leser drängt sich nun die Frage auf, wer denn dieser Henry Fielding sei und was der Autor mit ihm habe. Recht so, recht so, pflichtet ihm eben dieser Autor bei. Ich stelle mir selbst seit längerem die Frage, wie oft ich schon vorgehabt habe, meine Beschäftigung mit diesem genialen Ironiker aus England abzuschließen. *Alas! In vain.* – Kürzlich gedachte ich seiner anlässlich seines zweihundertfünfzigsten Todestages, stattete ihm einen kurzen Besuch in Lissabon ab, wo er auf dem Englischen Friedhof St. George seine letzte Ruhe fand – wenn ein so reger Geist jemals Ruhe finden kann. Bald darauf erwiesen wir – *my dear friend Thomas Short and Mr. Long* – ihm in einer fulminanten *Radio Show* die letzte Ehre.

Fielding hat mein Schaffen über zwanzig Jahre begleitet und beeinflusst. Was habe ich ihn nicht alles genannt. Alter Ego. Ziehvater. Über-Ich. Vorbild. Habe Bausteine zu seiner Biographie aufeinander getürmt. Unbekannte Meisterstücke ironischen Schreibens ins Deutsche übertragen. *Die Tragödie der Tragödien* zu neuem Leben erweckt. Und es will nicht aufhören.

Derzeit führt der Publizist in mir schon wieder Gespräche mit dem Verlag des »Essay über Nichts«, über pseudowissenschaftliche Prosa, die dem kontinentalen Publikum zugänglich gemacht werden sollten.

Der Satz einer mir bekannten Therapeutin löste kürzlich den gordischen Knoten, indem sie mir allen Ernstes und mit Nachdruck einflößte, was ich selbst oftmals spaßeshalber hinter vorgehaltener Hand zum Besten gab: Ich bin Henry Fielding, *re-incarnated.* Sie sprach auf mich ein: »Akzeptiere es. Du »bist tatsächlich Henry Fielding«. Und so bin ich auserkoren, diese Rolle in meinem jetzigen Leben zu Ende zu spielen. Das heißt aber auch, die Ironie wird bis ans Ende Teil meines literarischen Handgepäcks bleiben – auch wenn mir das Lachen im Halse stecken bleiben sollte.

Ich weiß, Parkinson kann ein gemeiner, hinterfotziger Typ sein. Und ich verstehe, wenn andere ihn als Feind ansehen. Er sucht sich das schwächste Glied in einer Kette aus und den für ihn günstigsten Zeitpunkt. Wie Siegfried, haben wir alle unsere Schwachstellen, in die Parkinson unbarmherzig seine Speerspitzen hineintreibt. Er versucht meistens sofort in den ersten Runden die Oberhand zu gewinnen, wenn sein Gegenüber noch unerfahren ist und sich noch nicht recht zu wehren weiß. Wer ihm aber von Anfang an Kontra gibt und ihn in die Schranken weist, den respektiert er und macht einen Bogen um ihn.

Am meisten verwundbar war ich die ersten Jahre nach meiner Diagnose. Damals ist mir das Lachen vergangen. Nicht nur das Lachen, alle Gefühle sind mir eingefroren.

Mein persönlicher Lachbarometer war das alljährliche Festival im nahe gelegenen Städtchen R.

Ich saß im Organisationskomitee und in der Jury. Ein Satirefestival, das kommt einer Lachorgie gleich. Lachen hatten wir auf unsere Fahnen geschrieben. Die eminentesten Vertreter der heiteren Muse zeigten Flagge in R., und zwar in Bild, Film, auf der Bühne und schwarz auf weiß. Die Vorbereitungen für das Festival zogen sich über das ganze Jahr. Kaum waren die letzten Lacher verhallt, da richtete sich unsere Aufmerksamkeit schon auf das nächste Festival. Eine verschworene Gemeinschaft waren wir. Klein, aber effektiv. Zogen alle am selben Strang, bereit, Pferde zu stehlen und Berge zu versetzen. Ein Maler, zwei Kabarettisten, ein Autor, ein Kulturreferent.

Dann kam die Eiszeit über mich. Meine Seele lag auf Eis. Meine Gefühle waren eingefroren. Ich saß im Zuschauerraum. Um mich herum schallendes Gelächter. Ich merkte, dass das Geschehen auf der Bühne mich immer gleichgültiger werden ließ. All das kam mir so unsäglich banal vor. Die Kritik an der herrschenden Regierung, an Kirche und Papst, an diesem und jenem, sie ließ mich kalt. Ich kam mir fehl am

Platze vor. Mir ging es saudreckig. Ich hatte Probleme. Es ging um meine Existenz. Dagegen kam mir Satire läppisch vor, ein emsiges Bemühen ohne Relevanz. Klein-Klein hätte Hermann Kant das genannt. Ich suchte nach den Ursachen. Ich stellte bei mir eine Unfähigkeit zu lachen fest. Irgendeine Macht hatte mir den Sinn für Heiterkeit geraubt und mich in eine tiefe Melancholie und Traurigkeit gestürzt. Erst in zweiter Linie machte ich die Harmlosigkeit der Darbietungen dafür verantwortlich.

Es waren die letzten Amtsjahre von Helmut Kohl. Wir Oppositionellen waren deprimiert und ratlos, denn wir spürten unsere eigene Ohnmacht. Viele zogen sich aus dem politischen Engagement zurück. An dieser Politik ließ sich momentan nichts ändern und die Politik änderte sich immer weniger, die oberen Köpfe machten sich selbst lächerlich und führten sich ad absurdum. Für Kabarettisten wurde es immer schwieriger, das reale Lachstück in Bonn und Berlin zu überbieten. Es entstand die oberflächliche Spaßgesellschaft, in der »ernsthafte« Satire keinen Platz mehr hatte und Satiriker auf gewisse Einzel- oder Spezialeffekte auswichen. Dem Lachen war so der Biss genommen. Wer da auf die Bretter ins Rampenlicht stieg, dem fehlten offenbar die Reißzähne, wenn nicht das ganze Gebiss.

Auch mich ergriff die öffentliche Ohnmacht. Ich hatte nun wirklich nichts mehr zu lachen. Während sich die Kollegen die Schenkel wund klopften und sich köstlich zu amüsieren schienen, kam ich mir auf dem Satire-Festival allmählich deplaziert vor. Und so zog ich mich erst innerlich, dann auch äußerlich zurück.

Le Grand Finale

Es war die dritte Nacht im Haus der 99 Türen. Meiner letzten Station. Der letzten Zuflucht. Ein dreistöckiges Wohnhaus, das leer stand. Vor einem Jahr noch wohnten Mutter und Vater hier. Die Mutter war inzwischen verstorben, der Vater bald darauf in ein nahe gelegenes Heim gezogen. Das Haus, ein ausgebauter Bauernhof, sein Lebenswerk.

In der dritten Nacht der Traum, der Alptraum von der letzten Schlacht gegen die Pharmaindustrie.

Allein gegen die Mafia. Niemand anderes als ich selbst war es, der den Kampf gegen die Mafia aufgenommen hatte. *Singlehandedly.* Na, klar. Wer sonst. Immer schon hatte ich das Gefühl, die ganze Welt sei gegen mich und ich der Retter der Guten. Der Auserwählte. Zwar auf verlorenem Posten. Aber, was macht das schon. Das Recht war auf meiner Seite. Darauf kam es an. Die Helden der Weltgeschichte waren allesamt Einzelkämpfer. Der Titel meiner ersten Erzählung, die ich als Schüler geschrieben hatte, deutete schon auf mein Außenseitertum hin: »Gegen den

Strom«. Ja, bereits mein Name sagt alles: der Kämpfende, der Ritter, der Soldat.

Der Kampf, die Schlacht, war in vollem Gange. Ein Blitzkrieg. Der entscheidend war, in dem es ums Ganze ging. Ein futuristischer Kampf, wie man ihn aus dem Fernsehen kennt. *Action Movie.* Hypermoderne Waffen. Alle Personen bis zu den Zähnen bewaffnet. Inferno. Elektronisches Gemetzel. Der brutalste Film, den man sich vorstellen kann. Der Mensch zum Tier degradiert. Zur Maschine. Der Mensch als Bediener von Waffen. Heilloses Durcheinander. Überlebenschancen gleich Null. *Action*, nichts als *action.* Tödliche *action.* Blitzschnelle *action*, die ich obendrein noch im Zeitraffer erlebe, die Höhepunkte, aneinandergereiht. Die brutalsten Szenen, die grausamsten. Trotz dieses Tohuwabohus weiß ich genau, worum es in diesem meinem Film geht: Ich erkenne einzelne Personen. Weiß, wer gegen wen kämpft und warum und wofür. Dabei nehme ich den Film gar nicht als Film wahr, sondern als pure Realität. Ein Schuss – und du bist tot. Bei der Knallerei müssten alle Kämpfer längst schon von Blei durchlöchert sein.

Worum geht es in dem Kampf? Nun, der Gegner ist die Pharmaindustrie, die mit allen ihr zur Verfügung stehenden Mitteln – und das sind nicht wenige – den status quo, ihr Territorium und ihre

Privilegien verteidigt. Ihre Milliardengewinne. Ihre Pillen machen uns kaputt. Doch wir schlucken sie Tag für Tag.

Tür 3: Betrachtungen über das Lesen

Ich hielt mich des Öfteren im Lesesaal auf, las Zeitung, schaute, was es an Neuerscheinungen gab. Vor allem aber beobachtete ich die Leser, was mich zu folgenden Betrachtungen veranlasste.

Warum dauern die Dinge so lange? Warum hat es sieben Jahre gedauert, bis ich auf den Trick mit dem Mantelanziehen kam?

Warum hat es Jahre gedauert, bis ich merkte, dass ich nicht mehr lesen kann? Warum hat es Jahre gedauert, bis ich merkte, dass meine Seele eingefroren war? Dass ich nicht mehr schreiben kann, fiel mir und anderen sofort auf. Ist ja auch offensichtlich, wenn einer ein Bankformular nur mit Hängen und Würgen ausfüllen kann. Dass einer nicht lesen kann, das sieht man ihm nicht an. Selbst Kamele sehen so aus, als könnten sie lesen. Ich verstehe nicht, warum Kamele gewöhnlich für geistig beschränkt angesehen werden: »Ich Kamel bin bei Rot über die Ampel gefahren.« Schon immer habe ich ihren intelligenten, souveränen Gesichtsausdruck bewundert.

Der Trick beim Mantelanziehen? Kennt doch jeder: Man schlüpft mit dem einen Arm in den ersten Ärmel und fuchtelt dann wie verrückt mit dem anderen Arm in der Gegend herum – aber verdammt und zugenäht, der Arm will und will den zweiten Ärmel einfach nicht finden, der irgendwo im undurchdringlichen Faltendickicht versteckt ist. Es ist wie verhext, wir haben es beinahe geschafft, schon stürzen sie, die ach so freundlichen und zuvorkommenden Mitmenschen, mit einem herablassenden »Darf ich helfen?« auf uns zu, um uns aus der Patsche zu helfen. Gut gemeint, aber erniedrigend. Je jünger der Arm-Ruderer, desto schlimmer. Sieben biblische Jahre hat es gedauert, bis ich auf die Idee kam, dass die Öffnung des zweiten Ärmels ganz offen daliegt. Ja, sich geradezu dem zweiten Arm anbiedert. Wenn, ja wenn man den Mantel oder die Jacke mit Daumen und Zeigefinger des ersten bereits in den Ärmel geschlüpften Arms in die Höhe zieht. Das Kleidungsstück entfaltet sich Stück für Stück, sodass der zweite Arm leichtes Spiel hat. Das Anziehen von »ärmeligen« Kleidungsstücken wird so zum Kinderspiel. Nicht nur für in ihrer Mobilität Eingeschränkte. Sondern auch für Gesunde. Was mir mein Freund Gabor jüngstens bewies. Ich führte ihm meinen Trick vor und er machte ihn sofort nach und war bass erstaunt, wie einfach das Leben sein kann. Sieben Jahre!

Wie alt muss ich eigentlich werden, bis ich alle Tricks gelernt habe, die das Leben einigermaßen lebenswert machen? Wie viele Jahre will ich noch verstreichen lassen, ohne zu lesen? Wann will ich eigentlich alle Bücher lesen, die noch auf meiner Liste stehen? Ich muss zweihundert Jahre alt werden! Erst gestern ist mir richtig zu Bewusstsein gekommen, wie wenig ich in den letzten Jahren gelesen habe. Ich habe es mir einfach nicht eingestanden, habe mich geschämt. Ein Autor, der nicht lesen kann! Ein promovierter Akademiker, der nicht lesen kann! Siebenundzwanzig Semester und kann nicht lesen. Ich hätte es auch nie zugegeben, wäre gestern nicht eine E-Mail ins Haus geflattert, in der eine Frau mir mitteilte, sie habe mein Parkinson-Buch immerhin zur Hälfte gelesen. »So eine Frechheit, denken Sie jetzt sicher, aber es ist ganz anders, als es klingt. Ich habe lange kein Buch mehr gelesen. Sie können stolz darauf sein, dass ich Ihr Buch immerhin schon zur Hälfte geschafft habe. Diese Tatsache spricht für Ihr Buch!«

Welcher Autor wäre nicht stolz auf eine solche Mitteilung. Gleichzeitig wurde mir aber auch klar, dass ich es mit einem ganz speziellen Lesepublikum zu tun habe, die mein erstes Buch »Mein Freund Parkinson« vor sich liegen haben. Genau betrachtet, ist es eigentlich gar kein Lesepublikum. Es liest nur wenig, lange Zeit überhaupt nicht, und wenn es liest, ermüdet es schnell und schläft dabei ein. Kein Wunder, dass mein Buch noch nicht zum Bestseller geworden ist. So, wie der Leser mit dem Schlaf kämpft, so kämpfe ich um jeden Leser. Die oben zitierte Leserin kann ich nur allzu gut verstehen. Mir geht es ähnlich. Ich lese auch wenig. Ich schlafe beim Lesen zwar nicht ein, aber meine Aufmerksamkeit driftet schon bald nach dem Lesebeginn ab. Es gelingt mir nicht, den Text zu fokussieren. Mangelnde Konzentration. Aber das sind unzureichende Beschreibungen. All das passiert anderen Leuten auch. Es ist ja nicht so, als wäre ich nervös, abgeschlafft und unkonzentriert. Es ist auch nichts und niemand, der mich ablenkt. Kein dröhnender Stereoklang aus Nachbars Wohnung, keine plärrenden Kinder. Nein, ich habe den Verdacht, Parkinson dreht den Strom ab. Fährt den Dimmer soweit herunter, bis ich gleichsam den Text nicht mehr sehen kann, und er in der Dunkelheit verschwindet. Meist wiederholt er das Spielchen ein paar Mal. Ich lese dieselbe Stelle mehrmals von vorn, und jedes Mal blendet Parkinson das Schriftbild aus. Nichts zu machen. Ich lege das Buch zur Seite. Ist ja nicht so schlimm, sage ich mir, ein Autor muss nicht unbedingt lesen. Ein Autor muss schreiben können. Er wird nach dem beurteilt, was er geschrieben hat, und nicht nach dem, was er gelesen hat. Wiewohl es Schriftsteller gibt, die das, was sie zu Papier bringen, ganz und gar aus anderen Büchern ziehen. Dabei verarbeiten die einem angelesenen Stoff und formen etwas Originelles daraus, während andere das Gelesene schlichtweg wiederkäuen. Manche Kritiker bevorzugen solche belesenen Autoren, die meist vor ihrer Karriere Literatur, Geschichte und Philosophie studiert haben. Dem gegenüber stehen jene Schriftsteller, deren Geschichten direkt aus dem Leben genommen sind, denen das Leben selbst die Feder führt, *unplugged*, ohne Umschweife. Es sind dies Kraftgenies und keine gelehrten Stubenhocker. Es sind dies Stürmer und Dränger, die von Liebe und Leidenschaft, Tod und Teufel, *sex* und *crime* berichten. Lesen braucht ein Autor nicht zu können. Beethoven konnte gegen Ende seines Lebens nicht mehr hören. Nun bin ich selbst des Lesens nicht ganz unkundig, kein Analphabet. Ich kann lesen, auch wenn ich es im Moment nicht kann. Ähnlich, wie mit meinen Gefühlen, die zeitweise in den Dornröschenschlaf gefallen waren. Da hat es der Analphabet schon besser. Er konnte nie lesen, er weiß nicht, was ihm fehlt, weiß nicht einmal, dass ihm etwas abgeht. Ich hingegen habe ein halbes Jahrhundert im Bücherparadies geschwelgt, aus dem ich nun verbannt scheine, und zehre heute noch davon.

Trost kommt mir aus dem buddhistischen Lager. Der Lama Sogjal Rimpoche berichtet von großen Lehrmeistern des Buddhismus, die sich durch ein hohes Maß an außergewöhnlicher Weisheit ausgezeichnet und nur ganz wenige Bücher selbst gelesen haben sollen. An dieser Stelle könnte man eine ganze Menge höchst einflussreiche Persönlichkeiten (Jesus, Martin Luther King, Gandhi ...) nennen, die trotz ihrer Unbelesenheit von unzähligen Menschen bewundert wurden.

Ob Pablo Picasso viel gelesen hat? Offenbar sind es nur die Verwalter des Wissens an unseren Schulen und Universitäten, die verbeamteten Hüter ihrer jeweiligen Fachgebiete, die glauben, dass Anhäufung von Wissen gleichbedeutend mit Klugheit sei. Man muss ja nicht gleich den »Faust« auffahren, der sich durch x Fachgebiete hindurchstudiert hat und »... so klug, als wie zuvor« war. Nun könnte man dem Verfechter solcher Thesen vorwerfen, er mache aus der Not eine Tugend. Dagegen würde er einwenden, die Lektüre eines Autors genügte, ihn zum Studium der Literatur hinzuführen, und sich nach siebenundzwanzig Semestern dieser eine Autor als der für ihn bedeutendste von allen erwies. Der führte den Studenten und Schreiber dieser Texte zum kreativen Schreiben. Muss eigentlich noch erwähnt werden, dass der Name dieses bedeutendsten Vorbildes mit K beginnt und fünf Buchstaben hat?!

Auf unserer Erkundung des Wörtchens »lesen« haben wir das eine oder andere Wörterbuch konsultiert und sind so dem Wortstamm »lese«, der ja rückwärts gelesen gleichbedeutend ist mit dem Symbol der Dummheit, Esel, auf die Schliche gekommen.

Leseratte

Eine Frau sitzt im ICE von München nach Hamburg und schmökert im neuen Henning Mankell. Sie liest sehr schnell. Sie blättert und blättert eine Seite nach der anderen. Wenn sie so weiter macht, wird sie das Buch vor Ankunft in Hamburg ausgelesen haben. ICE-Reisende sind flotte Leser. Leseratten. Leseratten? Merkwürdige Bezeichnung. Welches ist die durchschnittliche Lesegeschwindigkeit von ICE-Reisenden? Eine Seite pro gefahrenen Bahnkilometer? Mal im Guinness-Buch der Rekorde nachschauen. Ich fahre gern im ICE. Besonders im Großraumwagen. Es interessiert mich brennend, wer die dickleibigen Schwarten, die in allen Bahnhofsbuchhandlungen haufenweise herumliegen, eigentlich liest. Ich versuche, mir vorzustellen, warum diese Ratte ausgerechnet diesen Wälzer liest. Warum gerade Mankell? Was hat sie davon? Warum opfert sie acht Stunden ihrer Zeit für dieses Buch? Ist es so spannend oder liest sie es aus purer Langeweile? Weil sie sonst nicht wüsste, wie die Zeit totzuschlagen wäre. Eine Ratte schlägt die Zeit tot. Irgendjemand muss schließlich all die Bestseller lesen, die auf den Listen stehen. Ein Buch mit über sechshundert Seiten. Ich selbst bin kein Freund von dicken Wälzern. Mir fehlt die Geduld dazu. Wenn ich lese, dann dünnbrüstige Bücher, schreibe selber aber umfangreich. Meine Geschichten plätschern dahin wie ein Bach, der später zu einem Fluss anschwillt. Ich lasse ihm freien Lauf. Keine Begradigungen und künstliche Uferbefestigungen. Bach und Fluss suchen sich ihren Lauf, »meandern« das Tal entlang. Mitunter fließen sie sogar rückwärts. Es kann aber auch sein, dass die Ratte im ICE nur so tut, als lese sie. Was wissen wir schon über die Lesegewohnheiten von Ratten?

Eine Ratte sitzt im ICE von München nach Hamburg und tut so, als lese sie den neuen Mankell. Der Schaffner kommt. Er wundert sich nicht darüber, dass es Ratten im ICE gibt, die lesen. Er kontrolliert die Fahrkarte der Ratte.

Ob es einen Rattentarif gibt?

Vorlesen

Es gibt immer mal wieder Versuche, den Reisenden in Fernzügen die Fahrt kurzweiliger zu machen. Indem man einen Autor, Schauspieler oder Sprecher engagiert, der den Bahnreisenden etwas vorliest. Aber das Konzept hat nicht so recht eingeschlagen. Der deutsche Bahnfahrer lässt sich nicht vorschreiben, wann er welchen Autor zu goutieren habe.

Immerhin aber handelt es sich dabei um eine öffentliche Lesung, davon soll hier die Rede sein. Die

Lesungen finden traditionellerweise in Buchhandlungen, Bibliotheken oder anderen öffentlichen Sälen statt. Dichterlesungen heißen diese Veranstaltungen etwas veraltet im Volksmund. Autorenlesungen weniger hochgestochen. Meine ersten Amtshandlungen als freier Feuilletonmitarbeiter einer deutschen Tageszeitung – nach meiner Rückkehr aus der »Neuen Welt« – waren zwei Besprechungen eben solcher Lesungen. Ich war damals Literaturwissenschaftler und hatte wenig Verständnis für solche Einrichtungen. Sie schienen mir recht überflüssig, ich sah in ihnen eine Beweihräucherung eitler Autoren. Beide Veranstaltungen waren äußerst folgenreich für mich. Die eine war der Anfang einer Freundschaft mit dem vorlesenden Autor, die heute noch anhält. Die zweite Lesung war ein Skandal. Ich hatte der fünfzigjährigen Autorin attestiert, sie schreibe immer nur über ihre Alltagserfahrungen. Und ihr Publikum setze sich zu 95 Prozent aus Frauen ihres Alters zusammen: *Midlife-Crisis* für Frauen in der *Midlife-Crisis.* Offenbar hatte ich in ein Wespennest gestochen. Getroffene Hunde bellen. *To call a spade a spade.* Die Dinge beim Namen nennen. Erboste Anrufe in der Redaktion.

Mittlerweile habe ich am eigenen Leib erfahren, dass Autoren auf Lesereisen angewiesen sind. Auf das Honorar, das dabei abfällt. Bekanntlich können die wenigsten Schriftsteller von ihren literarischen Honoraren leben. Durchschnittseinkommen 11.000 Euro. Im Jahr! Sicherlich, Lesungen werden von den Vorlesern unterschiedlich gehandhabt. Die einen, erfolgreichen, verlangen Honorierungen in vierstelliger Eurohöhe und erscheinen wenige Minuten vor Beginn. Dass nun die Stars mehr bekommen als die eher Unbekannten, ist nachvollziehbar. »Ein' Tausender müsst i' schon ha'm«, sagte Achternbusch mehrmals zu mir, als ich ihn zur Lesung einlud im Zusammenhang mit der Inszenierung seines Stückes »Ella«. Das hätte der Intendant nie genehmigt, und so wurde nie etwas aus der Sache. Komisch an unserem Gespräch war, dass Achternbusch nicht davon abzubringen war, dass ich vom »Hamburger Schauspielhaus« sei, obwohl ich doch mehrfach darauf hinwies, dass diese Inszenierung am »Marburger Schauspiel« stattfand.

Die gewerkschaftliche Organisation, der die Autoren angehören, hat ein unteres Limit für Lesungen festgesetzt, fünfhundert D-Mark. In typischer gewerkschaftlicher Manier weist man darauf hin, dass unter dem Strich für den Vorleser so gut wie nichts hängen bleibt. Nach Abzug von Steuern, eventuellen Reisekosten und Übernachtung, Berücksichtigung der Vorbereitungszeit, Arbeitsausfall, oft gehen zwei Tage dabei drauf. Telefonate, Porti, Materialkosten usw. usf. Nichtsdestotrotz lesen viele für Geringeres, ja, aus

Freundschaftsgründen auch einmal ganz umsonst. Schließlich rührt man ja mit jeder Lesung auch die eigene Werbetrommel und verhökert, wenn man Glück hat, ein paar von seinen Büchern, so argumentiert die Gegenseite. Der Redakteur einer deutschsprachigen Wochenzeitung, die im siebzehnten Bundesland, Mallorca, erscheint, wies auf den Werbeeffekt meines Essays hin, der ihm keinen Penny wert war. Nach Meinung dieser Leute müsste die ganze Zunft der Schreiberlinge umsonst arbeiten. Kurios auch der Vorwurf: 300,– Euro, das sei ein sagenhafter Stundenlohn. Stellt sich die Frage, auf wie viele solch hoch dotierter Stundenlöhne kommt wohl ein Autor im Monat?

Lesungen im ICE

Wäre eine feine Sache für den Vorleser. Keine teuren Taxifahrten vom Bahnhof zum Gemeindesaal. Das Medium der Anfahrt ist gleichzeitig der Ort der Lesung. Hervorragend! Der Zeitaufwand für die Lesung gleich Null! Und das Ganze in der Ersten Klasse! Und am Zielbahnhof wartet schon der Gegenzug auf dem anderen Bahnsteig. Das kann selbst der noch so ökonomisch denkende und flottest handelnde Autor nicht unterbieten.

Dieser betritt um fünf vor acht den Saal, liest um acht, eine dreiviertel Stunde lang, bietet sich an, Fragen zu beantworten, zieht sich wieder zurück, weil er Sekunden später enttäuscht feststellt: »Gibt wohl keine?«, sammelt seine »Sieben Sachen« zusammen und sitzt Minuten später wieder im ICE. Auf der Heimreise werden ihm im Zugbistro auch noch Vorhaltungen gemacht, wenn er den 500-Euro-Schein aus dem Kuvert herausfischt, das der Kulturreferent ihm im Hinausgehen überreicht hatte. Auch die Quittung hatte er im Gehen schnell unterzeichnet. Diesen Schein kann der Ober nicht wechseln, der verärgerte Schriftsteller muss auf seinen Espresso verzichten, schläft daraufhin sofort in seinem Abteil ein und hat damit einen Arbeitsausfall von zwei Stunden zu verzeichnen. Die er mit 600 Euro als Betriebsausgabe in seinem Einkommenssteuerbescheid aufführen wird. Wie er das dem Finanzamt plausibel machen wird, wenn dieses der Gaunerei auf die Schliche kommen sollte, ist uns unbegreiflich.

Der Vollständigkeit – vor allem der Gerechtigkeit halber – sei noch erwähnt, es gibt auch andere, meist geringer dotierte Vorleser, die länger lesen, manche sehr viel länger. Bis er oder die Zuhörer – oder beide – erschöpft sind. Es soll sogar vorgekommen sein, dass der eine oder andere eingenickt ist. Dieser Autor sitzt hinterher mit Veranstalter, einigen Studienratsgattinnen und einem angehenden Schreiberling zusammen bei Wein und Bier. Er verprasst einen guten Anteil seiner Einnahmen sofort, übernachtet in einem Mittelklassehotel und kehrt am nächsten Nachmittag, mit geschrumpfter Börse, erschöpft zu Hause wieder ein.

Beim Lesen eingeschlafen

Eine Nebenwirkung gewisser Medikamente.

Im Neunzehnten Jahrhundert schluckten Schriftsteller und Dichter gern Arsen; mit der Folge, dass ihr Leben ein wenig schneller ablief, als die Natur es vorgesehen hatte. Sie aßen und liebten schneller, schliefen schneller und schrieben schneller. Also lasen sie auch schneller.

»Es muss alles bezahlt werden«, sagte Thomas Mann in einer seiner Ansprachen im BBC während des Krieges. Und so bezahlten diese Dichter die Beschleunigung ihres Lebens, das freilich, wie bei einer Salami, am hintersten Ende abgeschnitten wurde.

Unfreiwillig machte ich vor Jahren eine ähnliche Erfahrung. Sie stellte sich beim Joggen in einem bayrischen Moorgelände ein, in dem ich von Tag zu Tag weitere Kreise zog. Mein Körper machte sich bei einer Strecke von 25 Kilometern bemerkbar und gebot mir

Einhalt. Mein linkes Knie trat als Sprecher hervor und signalisierte mir mit Schmerzen, dass es, das Knie, diese Exzesse nicht weiter mitzumachen gewillt sei.

Bekanntlich fand diese Story ihre Fortsetzung in einer Hamburger Klinik. Die Ursache, so fand ich später heraus, war, dass mir mein langjähriger Homöopath Arsen in homöopathischen Dosen verschrieben hatte (arsenicum album).

Das trug sich Jahre vor dem Bekanntwerden meiner Parkinsonerkrankung zu.

Nun bescherte mir Parkinson das Gegenteil: eine Verlangsamung aller motorischen Bewegungen. Also auch des Lesens. Ich bin nicht nur von Natur aus ein äußerst langsamer Leser, der Wort für Wort liest und, wenn er sich das Gelesene merken wollte, die entsprechenden Passagen zwei- oder dreimal lesen musste. Beneidet habe ich immer schon diejenigen, die des Querlesens mächtig sind oder auch ein fotografisches Gedächtnis haben und ganze Seiten mit einem Blick in ihr Hirn kopieren können.

Und hier war ich nun, der Langsamleser, und schlief beim Lesen ein beziehungsweise gab das Lesen ganz auf.

Wie peinlich, als ich kürzlich in dem sauerstoffarmen, überfüllten Wartezimmer meines Neurologen saß, wo ich gewöhnlich in gewissen Wochenmagazinen blättere, und mir die Augen zufielen und der

Kopf »vornüber kippte« in Richtung Magazin, das auf meinem Schoß lag. Und dies geschah nicht einmal, nein, mehrmals. Ich wollte und wollte ja nicht nachgeben, nicht aufgeben, ich wollte lesen, weiterlesen.

Ich lasse mir von dir doch nicht vorschreiben, Parkinson, wann ich zu lesen habe und wann nicht.

Der berühmt-berüchtigte Sekundenschlaf, gegen den man schlichtweg machtlos ist.

Das Fiasko endete damit, dass mein Kopf nochmals hinuntersackte und diese urplötzliche Bewegung wiederum der Grund des ebenso plötzlichen Erwachens war.

Die Zeitschrift fiel zu Boden und die gesamte anwesende Patientenschaft starrte mich an (bildete ich mir ein) und ich war heilfroh, als mein Name aus dem Lautsprecher ertönte und ich eiligen Schrittes dem Wartezimmer entfliehen konnte.

Gott sei Dank war niemand zugegen, als ich neulich allein am Abendbrottisch saß, eine Flasche Bier in der Hand, und der Sekundenschlaf mich überraschte; die Flasche fiel und sauste schäumend gegen die Holzverkleidung der Wand, und bereits durch den geräuschvollen Aufprall wachte ich Biertrinkenwollender schon wieder auf und sah der weniger als eine Sekunde dauernden Katastrophe zu und konnte das Schlimmste noch verhindern.

Der Sekundenschläfer ist also selbst Zeuge, dass

der Moment, in dem er schläft, und den er als einen äußerst tiefen Schlaf wahrnimmt, in Wirklichkeit nur den Bruchteil einer Sekunde dauert.

Tür 71: Drugstore

Hinter der einundsiebzigsten Tür verbargen sich kleine, aber trotzdem sehr stark frequentierte Räumlichkeiten. Nach amerikanischem Vorbild gab es hier allerlei Drogen (drugs), nicht rezeptpflichtige, denn für jene hätte es einer Lizenz bedurft. Ein Coffeeshop war angegliedert. Ein Tabakladen sowie ein halbes Dutzend bequemer Sitzecken.

Der Drugstore wirbelte einigen Staub auf, wenn es auch ein Wirbelsturm im Wasserglas war. Eine Verwechslung ist bei Morbus Parkinson leicht. Die schulmedizinische Ursache ihres Leidens ist der Botenstoff Dopamin, der, im Gehirn produziert, für die Bewegungsabläufe verantwortlich ist und bei Parkinson-Erkrankungen in verminderter Masse hergestellt wird. Viele Betroffene nehmen das L-Dopa, eine Vorstufe des Dopamin. Entsprechend häufig nehmen sie das Wort »dope« in den Mund, was das Ganze ins Zwielicht rückt, ähnlich wie im Deutschen das Wort »Drogen«. Und schnell kommt eins zum anderen …

Im Drugstore ging die übliche Klientel ein und

aus. Eine Mixtur aus Kranken, Wellness Freaks, Esoterikern, Biederen, Rauchern, Koffein-Süchtigen und ein paar versprengten Hippies und sonstigen Freaks, mit oder ohne Bart. Glatzköpfe und Wuschelköpfe. Wenn da noch die eine oder andere Wasserpfeife geortet wurde, war die Gerüchteküche schon am Dampfen. Wie ja auch diesem Autor hin und wieder der Gebrauch von Drogen nachgesagt wird, nur weil er darüber berichtet hat.

Und so auch hier. Es genügte schon zu erwähnen, dass man den dem L-Dopa verwandten Wirkstoff APO Morphin nehme, dazu noch in Selbstinjektion, und schon war man »Morphium konsumierender APO OPA«.

Apo goes Pen.

Oder man unterstellte, im Drugstore würde Opium geraucht. Welch groteske Verwechslung. Fahnder der Drogenpolizei waren auf ein Fläschchen mit der Aufschrift »papaver somniferum« gestoßen. Es handelt sich zwar um eine Vorstufe des Opiums. Schwarzmohn. Allerdings in homöopathischer Verdünnung.

In einer Nacht sorgten zwei unauffällig gekleidete Männer für Aufregung. Sie durchsuchten die Räumlichkeiten, nahmen einige drugs mit und unterzogen mich einem Kreuzverhör. Ich sei ja schon einmal auffällig geworden. Sie spielten auf jenen Vorfall an, als ich ein Paket mit natürlichen Essenzen aus London importierte. Es waren Bachblüten, die in London wesentlich billiger waren als in Deutschland.

Papaver-Palaver

Eigentlich Papaver somniferum, Schwarzmohn. Sagen die einen, Schlafmohn die anderen. Ein Opium-Derivat. U. meint, das sei das richtige Mittel für einen Ex-Junkie, früheren Drogenkonsumenten. Alles Vermutungen. Selbst ist U. leidenschaftlicher Angler, bei mir fischt er im Trüben. Somniferum. Schlaf und Eisen. Eiserner Schlaf. Das wäre was für mich, den Somnambulen.

Hier im Haus kein erholsamer Schlaf mehr möglich.

Erste Nacht bei Freunden im Dorf geschlafen.

Zimmer unterm Dach. Sehr angenehm. Ruhig. Schlafe kurz und tief. Das Haus scheint clean. Doch wie überall hier schnurlose Telefone, PC's, Fernseher, digitale Geräte. Abwarten und Tee trinken. Komme mir vor wie ein Obdachloser. Die Tage zuvor in der nahegelegenen Provinzstadt genächtigt. Im Souterrain. Liegt halb im Boden drin. Keine Nachbarn. Geschützt vor Strahlungen aller Art. Guter Schlaf dort. Die Hin- und Herfahrerei jedoch lästig. Habe auch Bedenken, den *Good Will* meiner Freunde überzustrapazieren. Ich habe aber nun Beweise, dass ein Gutteil der Belastungen von außen kommt, dass es also Orte für mich gibt, die verträglich sind. Also raus aus meiner Wohnung. Der Entschluss steht fest. Nur: Wann, wie und wohin?! Mir fehlt die Energie, klare Entschlüsse zu fassen und auch auszuführen. Zurzeit nur Schadensbegrenzung und Überlebensmaßnahmen möglich.

Letzte Versuche: ein mit esoterischen Symbolen arbeitender Rutengänger. Bei ihm schon mehrere hundert Euro in den Sand gesetzt. Er habe eine Silberkugel, die er in meiner Wohnung installieren möchte. Alle sagen, er sei eine Koryphäe. Davon, allerdings, habe ich noch nichts gemerkt. Der gute Mann verschied allerdings vor mir. Zu Lebzeiten fuhr der forsche Forscher Porsche.

In einer Woche fahre ich zu Professor S. Will sehen, ob und wie ich medikamentös besser vor dem E-Smog geschützt werden kann.

Wohlmeinende Mitmenschen bombardieren mich ständig mit therapeutischen Vorschlägen. Es heißt, klug wirtschaften. Mit Geld, Energie und Lebenszeit.

Tony, auch Teilnehmer eines Seminarwochenendes, hat mir ganz eindringlich nahe gelegt, ein bestimmtes homöopathisches Mittel zu nehmen, das bei Zeckenbiss und Immunschwächen die Selbstheilungskräfte des Körpers aktiviere. Erfolge auch bei MS. Ich wäge das Angebot gewissenhaft ab. Entscheide mich dagegen.

Vier Wochen später. 23.00 Uhr. Im Dunkel des Hofes lädt eine Figur Kartoffelsäcke aus einem Transporter und bringt sie in den Keller. Es ist Tony. Ich helfe beim Ausladen, obwohl die Last zu schwer für mich ist. Er fragt nach dem »Papaver« und redet auf mich ein. Das Ergebnis, ich bestelle das Präparat bei meiner Apotheke. Zwei Tage später ist das »Papaver« da. Es ist nicht einfach, nur zwei Tröpfchen aus dem Fläschchen zu bekommen. Ein ganzer Schwall platscht mir auf die Hand. Ich sauge ihn auf und schlucke alles hinunter. Am nächsten Tag nehme ich sechs statt zwei Tropfen. Das Mittel schlägt sofort an. Es ist Dienstag, wie gut es mir geht. Mein Freund aus Portugal, Thomas, ist zu Besuch da. Wir gehen ins Museums-Cafe und plaudern angeregt und fahren dann ins »Goldene Kalb«, mein Stammlokal. Später chauffiere ich den Gast nach Frankfurt und komme erst spät abends nach Hause. Die Freude über den Besuch mag die Tatsache verdeckt haben, dass es mir richtig gut ging.

Nicht nur hatten sich alle Symptome verflüchtigt, nein, ich hatte auch das Gefühl für meinen Körper wieder. Ein freies wohliges Gefühl. Befreit. Jahrelang nicht gehabt. Immer nur negative Gefühle. Wir haben kein Vokabular dafür.

Des Teufels Krallen

Mein Leben lang hat mich das Spiel des Meeres fasziniert. Das ewige Auf und Ab der Wellen. So weit das Auge reicht. Wellenberge und Wellentäler. Die Brandung, die unaufhörlich das Land erobern will. Stets in Bewegung.

Wir, die Besatzung des Narrenschiffes, versuchen uns ihm, so gut es geht, anzupassen.

Auch in meinem *nouveau vie* stelle ich immer wieder fest, dass der Weg über Höhen und durch Täler führt. Wie auch in meinem alten Leben. Auch hier stürze ich unverhofft in tiefe Krisen, und erklimme, kaum, dass ich noch mal mit blauem Auge davongekommen bin, ungeahnte Gipfel. Nur die Gangart ist eine andere. Die Peanuts haben wir im vorigen Leben zurückgelassen. Hier geht es um mehr. Nicht ums Ganze, aber um Wesentliches.

So verwundert es nicht, dass der Weg gelegentlich durch des Teufels Küche führt.

Wer rastet, der rostet. Parkinson will uns in die Bewegungslosigkeit luren. Zur Salzsäule erstarren lassen. Vorsicht! Wehret den Anfängen! Hört die Signale!

Anfang dieses Jahres war es bei mir wieder soweit. Das linke Knie bereitete bei der geringsten Bewegung Schmerzen. Dazu gesellte sich ein wunder Punkt unter der Ferse, sodass das Gehen kein Gehen mehr war, sondern ein Humpeln. Dazu stets die Verlangsamung, Akinese. Das heißt: Der Körper erhöht in der Krise von sich aus die Einschränkung, um warnend auf das Defizit hinzuweisen. Weil der Mensch unter halbwegs gelinden Zuständen die Warnung nicht wahrnimmt.

Erst als mich der Teufel in seinen Krallen hatte, als ich mich kaum bewegen konnte, geriet ich in Panik und richtete meine gesamte Aufmerksamkeit mir selber zu.

Zu allem Übel tat ich genau das Falsche und erwartete Heilung und Hilfe von außen. Wo doch die Wurzel in mir selbst stak. Hilf dir selbst, so hilft dir Gott. Auch diese Lektion lernte ich zum x-ten Male.

Interessanterweise half mir bei Knie und Fuß ein Mittel, das mir ein Freund empfahl: Bei ALDI zu kaufen für 3,99 Euro. Gehört, getan. Mit Hilfe dieses Naturprodukts bildeten sich die Entzündungen in Fuß und Knie zurück.

In der Klinik, in deren Obhut ich mich befand, kannte man das Mittel nur von Hörensagen.

Der Name der Wildpflanze und des Mittels leitet sich von der Wurzel her, aus der das Extrakt gewonnen wird.

Es ist die Teufelskralle, mit der ich mich aus des Teufels Krallen befreite. Nach dem Prinzip »Gleiches mit Gleichem vergelten«. Eine OP in der Klinik erübrigte sich.

Ich fuhr nach Hause.

Erst als ich mit großer Disziplin und Hartnäckigkeit jeden Tag meine Beine und Muskeln und Sehnen trainierte und wieder aufbaute, kam Leben in den gebeutelten Körper. Ich lernte, dass wir nicht von den gelegentlichen großen Anstrengungen profitieren (10 Kilometer gejoggt, 12 Stunden Beton gemischt, 16 Stunden Auto gefahren), sondern von den täglichen unscheinbaren Übungen.

Sagee

Ganz gegen seine Gewohnheit, seinen Patienten keine Medikamente und Heilmittel zu empfehlen, versandte mein langjähriger Physiotherapeut W. einen Serienbrief, in dem er von einem natürlichen Kräuter-Extrakt mit Namen *Sagee* schwärmte. Bei meinem nächsten Praxisbesuch sprach ich ihn darauf an, und er legte mir nahe, das Mittel auszuprobieren. Es rege die Hirndurchblutung an und habe bei einer Parkinson-Patientin von ihm so gut gewirkt, dass sie ihre Medikamente reduzieren konnte. Ich zog nach und spürte ebenfalls eine baldige Wirkung.

Sagee besteht aus mehreren natürlichen Extrakten, darunter Essenzen von Pflaumen, Koreanischem Gingseng, Safran, Weintraubenkernen und kommt aus Malaysia. Die einzelnen Komponenten scheinen harmlos, die Kombination hingegen ist sehr wirksam.

Mir war das Produkt auf Dauer zu teuer, und es war schwierig, es in Deutschland zu bekommen. Die Deutsche Pharmaindustrie will solche Naturprodukte, an denen nichts zu verdienen ist, nicht auf ihrem Markt haben. Das Ende der Geschichte war ein Telefongespräch mit einem amerikanischen Freund, der sich weigerte, »such stuff« für mich zu besorgen. Er hätte im WWW recherchiert und herausgefunden, dass die »American Food and Drug Administration« dem Hersteller Unregelmäßigkeiten vorgeworfen habe. Mit solchem Zeug wolle er nichts zu tun haben. »Sorry!« So schafft man sich unliebsame Mittel vom Markt, sag' i.

Juckbohne

Wen(n) die Juckbohne juckt. Auf meiner Suche nach Alternativen zur schulmedizinischen Behandlung des MP bin ich kurz nach der Diagnose auf die sogenannte Juckbohne gestoßen. Die *Faba-Bohne*, wie die Pflanze auch heißt, enthält einen Anteil an natürlichem L-Dopa und wird in der ayurvedischen Medizin schon seit Jahrhunderten verwandt. In den letzten Jahren sind in Amerika Forschungen mit der Juckbohne angestellt worden. Ich habe das *mucuna pruriens*, das es in Drugstores ohne Rezept gibt, an Stelle des synthetischen L-Dopas über ein knappes Jahrzehnt eingenommen. Mit großem Erfolg. Will heißen, die schlimmste Nebenwirkung des synthetischen L-Dopas, worunter ich zu leiden hatte, ein unsäglicher Kopfdruck, war über Nacht verschwunden. Das Interesse an Naturprodukten ist groß. Auf Seiten der Betroffenen, versteht sich.

Die Ärzteschaft verhält sich bedeckt. In Griechenland schätzt man die Bohne noch als ein schmackhaftes Gemüse.

Der Pharmaindustrie schmeckt auch dieses Gemüse nicht.

Im Off

Inmitten des Hauses der 99 Türen herrscht ein magisches Zusammenspiel von ON und OFF und hinter mancher Tür …

So schnell wie möglich, raus hier. Bevor er zurückkommt. Wenn ich dann noch da bin, kann er mit mir machen, was er will. Mich schlagen. In den Bauch treten. Ins Kreuz schlagen, den Kopf, ohne dass ich mich wehren kann. Ich würde stundenlang auf dem Boden liegen, unbemerkt. Bis der Tag anbricht und die Tagschicht kommt. Zum Fenster sind es etwa drei Meter. Wenn ich es bis dahin schaffe, könnte ich mich mit letzter Kraft am Tisch hochziehen, mit einer Hand den Fensterhebel umlegen und mich mit einem Seil aus zusammengeknoteten Bettlaken aus dem ersten Stock herunter- und das letzte Stück fallenlassen. Von dort zur Straße hinüberrobben, mit dem Taxi zum Bahnhof und von dort aus der Stadt. Weg. Weg von hier. Nichts wie weg. Ich weiß, dass meine Kräfte nicht ausreichen. Vom Bett zum Fenster würde ich allein über eine Stunde brauchen … Um Hilfe rufen, hat keinen Zweck; ich hatte es schon vor Tagen versucht, es hört dich keiner, zumal, wenn Tür und Fenster verschlossen sind. Außerdem würde ich damit nur wieder »ihn« auf den Plan rufen. Da ist noch mein Handy, das ich mir für Notfälle angeschafft habe. Hoffentlich ist der Akku nicht leer. Es muss dort in der Schublade in dem Rollwagen sein. Verzweifelt denke ich nach, wer mich hier herausholen kann. Mir fällt niemand ein. Hier in dieser Stadt kenne ich kaum jemanden. Meine Schwester. Ich strecke mich zum Bett hinaus, ziehe den Rollwagen zu mir heran, taste im Dunkeln nach dem Handy. Alles geht extrem langsam.

Anrufbeantworter. Ich spreche, nein, ich flüstere meinen Hilferuf darauf: »Holt mich hier raus. Ich schwebe in akuter Lebensgefahr.« Alles dauert Ewigkeiten. Erst mit der Morgenschicht gibt es Tabletten, und die erst bringen allmählich Leben in meine Knochen. Ich erinnere mich, dass ich einen kleinen Vorrat an Dopa habe. Schlucke ein paar Tabs hinunter. Tut sich aber nichts. Also warten. An Schlaf nicht zu denken. Ich zittere am ganzen Leib. Was soll ich bloß tun? Bin völlig ohnmächtig. Keinerlei Kraft. Bewegungslos. Nur mit der allergrößten Anstrengung gelingen mir kleine Bewegungen. Wie ein Baby. Verzweifelt bewege ich mich in Richtung Fenster, rutsche aus dem Bett auf den Boden hinunter, krieche, robbe zum Tisch hinüber. Versuche, mich am Tischbein hochzuziehen. Mir versagen die Kräfte. Ich bleibe in dieser Position kleben. Es ist mitten in der Nacht. Sie finden mich hier am Boden liegend sieben Stunden später.

So ist das Off.

Als ob deine Batterie leer ist, als ob sie dir den Saft abgeschaltet haben; ins Stadium eines Babys zurückkatapultiert. Absolut hilflos, auf Gedeih und Verderb deinen Mitmenschen ausgeliefert. Im Off ist jede Bewegung eine Riesenanstrengung, ich schwitze wie in der Sauna. Dazu kommt noch der Elektro-Smog, der hier höher ist als bei mir zu Hause.

Unmöglich, den Zustand im Off adäquat zu beschreiben. Das Baby kennt wohl keinen anderen Zustand. Für den Erwachsenen ist es die Ausnahme. Beängstigend, dass du nicht weißt, wie lange dieser Zustand anhält, ob er überhaupt jemals wieder aufhört.

»Durch dieses Jammertal müssen Sie durch!«, so der Arzt. Was er noch nicht weiß, dass dieses Jammertal nicht zwei, sondern fünf Tage anhalten wird. Die vergangene Nacht war allerdings die schlimmste. Weil die einzig helfende Hand sich mir versagte. Ich weiß nicht warum, aber dieser Pfleger hatte von Anfang an eine Antipathie gegen mich und schikanierte mich, wo er konnte, ja, er terrorisierte mich. Platzierte die Medikamente, Essen, Alarmtaste unerreichbar für mich.

Fühlte mich wie in einer geschlossenen Anstalt, wie in einem Gefängnis. Schwöre mir, wenn ich jemals hier wieder herauskomme, dem Pfleger sein würdeloses Benehmen heimzuzahlen. (In der Tat arbeitet er heute – zwei Monate später – nicht mehr dort.)

Auch ohne Terror und Schikane sind der Entzug (der alten Medikamente) und das Hochfahren neuer Mittel die schlimmste Erfahrung, die ich je gemacht habe. Das Leben ist auf die allernotwendigsten biologischen Funktionen des Körpers reduziert. Und selbst davon ist die wichtigste außer Kraft gesetzt: die Fähigkeit, sich zu bewegen. Du bist völlig bei allem, was du tust, auf fremde Hilfe angewiesen. Essen, Trinken, Waschen, Toilettengang, allein nicht vorstellbar. Liebe, Freude, Glück, Würde, Ehre, Mut: Diese Bausteine der Menschlichkeit kannst du dir abschminken. Dennoch: Mein Hilferuf hat den Klinikleiter erreicht; seiner Zuneigung habe ich es zu verdanken, dass ich auf eine andere Station verlegt werde. Gleichwohl, in den drei Wochen habe ich drei bis fünf Fluchtversuche unternommen, die aber möglicherweise nur in meinem Kopf stattfanden. In meinem desolaten Zustand wäre ich ohnehin nicht sehr weit gekommen.

Off. *Turn the record player off, Off Broadway Theatre.* Oder gar *Off Off Broadway.* Das Off im Theater bezeichnet den Raum hinter den Kulissen. Nicht-Betroffene haben Schwierigkeiten, sich das Off bei Morbus Parkinson vorzustellen. Selbst dieser erfährt erst allmählich am eigenen Leib die verschiedenen Facetten im Off. Es ist wie eine Fahrt im Auto. Zunächst ist die Straße gut ausgebaut, glatt, eben. Später wird sie, zunächst kaum merklich, ein wenig holpriger. Dann kommen die ersten Schlaglöcher, Frostschäden. Die Fahrt wird immer unangenehmer. Die tiefen Schlaglöcher bemerkt man erst, wenn man schon mitten hineingeplumpst ist, Absätze sieht man nicht und spürt sie, wenn es im Fahrgestell schon mächtig kracht. Das Off kann ein momentaner, kurzer Aussetzer, ein Loch in der Fahrbahn sein, in das der Betroffene hineinfällt. Es kann aber auch stundenlang dauern. Der Entzug ist ein solches Off. Genau so schnell, wie es kommt, geht es auch wieder. Es ist unkalkulierbar. Man sieht dem »Heinrich von *Off*terdingen« das Off nicht an. Selbst geschultes Krankenhauspersonal hat da Schwierigkeiten. In der Filmsprache spricht man von einem »*Freezing*«. Off und *Freezing* bei Parkinson, vermute ich, ist das Nicht-Mehr-Wirken der Medikamente beziehungsweise ihr Ausfall. Als ich vor einem Jahr das erste Off hatte, bin ich fast zu Tode erschrocken. Ich fürchtete, die Bewegungslosigkeit sei endgültig und nicht mehr umkehrbar. Mit anderen Worten, der Anfang vom Ende. Zunächst war hauptsächlich das Gehen beeinträchtigt. Mit viel Mühe konnte ich mich vom Bett zur Toilette schleppen. So ein Ausflug dauert oft über eine Stunde. Vor ein paar Wochen habe ich mir einen dieser Miniatur-Kinder-Roller aus Metall angeschafft, mit dem ich nicht nur nachts durch die Wohnung sause, sondern auch auf Reisen den Bahnsteig entlang flitze, das Gepäck im Rucksack. Oder ich rase die Straße vor meinem Haus ins Dorf hinunter, zur Bank, zum Bäcker. Bei dem Ausflug nach Murnau am Staffelsee vor zwei Wochen glotzten die Leute mich an, als hätten sie nie einen Mann mit Roller gesehen. Als Betroffener kämpft man gegen diesen eisernen Griff, mit dem Parkinson uns in die Knie zwingen will. Wir setzen dagegen: Bewegung. Immer in Bewegung bleiben. Ist man erst einmal zum Stehen gekommen und hat sich zudem noch in eine Ecke, in eine Sackgasse, manövriert, dann ist es zumeist vorbei mit dem Match. Parkinson hätte gewonnen. Man bleibt in der Position haften, klebt an irgendeinem Stuhl und verfällt in ein *Freezing*, aus dem entweder nur durch anflutende Medikamente wieder herauszukommen ist oder mit Hilfe anderer.

Eines der größten Missverständnisse ist es, dass die Mitmenschen meinen, sie müssten uns mit Kraft vom Boden oder aus einem Stuhl oder Sessel hochziehen. Genau genommen genügt das »ideelle« Hinhalten einer Hand, also die Hilfsbereitschaft. In der Klinik habe ich diese Methode ausgiebig kennen gelernt und praktiziert. Ich hielt mich viel im Flur auf, nahm dort auch oft das Essen zu mir. Ich sprach wildfremde Leute an, ob sie mir gerade mal die Hand geben könnten. Worauf sie mich fragend und skeptisch anschauten und sich dann über die Mühelosigkeit wunderten, mit der ich aufstand. Nach ein paar Tagen spürte ich bei solchen Gelegenheiten deutlich, wie die Energie des anderen über die Hände zu mir hinüberfloss. Das funktioniert nur mit positiver Energie. Nichts anderes wohl ist das berühmt-berüchtigte Hand-Auflegen. Mit bestimmten »Tricks« kann man das *Freezing* überwinden. Da sind der Phantasie keine Grenzen gesetzt. Um aufzustehen und gerade zu stehen, benutze ich die Vorstellung, man führe mit dem Fahrstuhl in den 15ten Stock. Oder ich strecke die Arme in die Höhe und rufe wie ein Vater zu seinem Kind: *How tall are you? Soooo big!* Ich hatte regelrecht Angst, irgendwo auf der Station hängen zu bleiben. Ich ließ mir das Essen auf die Empfangstheke vor das Stationszimmer stellen und aß dort im Stehen, beziehungsweise ein anderes Mal im Gehen, indem ich zwanzig Runden auf dem carré-förmigen Flur drehte und mir im Vorbeigehen immer wieder etwas vom Teller auf der Theke nahm. Dies war mein »Sechstagerennen«. Oft rede ich mir selbst gut zu: »Du musst jetzt aus dem Sessel aufstehen. Du musst es nur wollen, eins, zwei, drei, hau ruck zuck! Na, siehste, es geht ja!«

Zutiefst erschrocken war ich eines Nachts, als ich aufwachte, auf dem Rücken liegend. Ich merkte sofort, dass diesmal etwas anders war. Ich öffnete die Augen und spürte …, dass der gesamte restliche Körper total unbeweglich war. Ich, Mumie. Der Schreck muss so groß gewesen sein, dass ich sofort wieder einschlief.

Das *Feeling* des Off ist schwer zu vermitteln. Von Kindern sagt man, dass sie nachts nicht schlafen wollen, weil sie fürchten, sie könnten am nächsten Morgen nicht mehr aufwachen. Sie könnten nachts sterben … Die geschilderten Erlebnisse machen jede Nacht für mich zur Hölle. Bin bereits tausend kleine Tode gestorben.

Ich habe meine Mutter im Entzug erlebt. Ich habe meine Mutter im Off erlebt. Das hat mich mehr als alles andere reifen lassen.

Ich betrat das Krankenhaus an einem Freitagnachmittag. Ich hatte Glück, ich konnte noch mit einem Dienst habenden Stationsarzt sprechen. »Gut, dass jemand von der Familie da ist«, sagte er. »Ihre Mutter ist drogenabhängig, sie liegt im Koma. Wir können sie da rausspritzen, wenn Sie mit ihr reden wollen. Leider kooperiert Ihre Mutter nicht. Sie hat einen Vorrat an Tabletten gehamstert und nimmt davon, wann sie will.« Ich versuche zu verstehen, was der Doktor gesagt hat. Meine Mutter drogenabhängig. Was meint er damit? Und warum lag sie im Koma? Was war passiert?

Ich dachte nach. Allmählich dämmerte es mir. »Sie meinen die Schlaftabletten, die meine Mutter nimmt?« Der Arzt nickte. »Aber die nimmt sie doch schon seit 45 Jahren!«, gab ich zu bedenken. »Ohne die könnte sie überhaupt nicht schlafen.« »Das ist es ja gerade.« Meine Mutter ist neunundachtzig. Warum hätte man etwas ändern sollen? Der junge Assistenzarzt bestand auf seiner Meinung. Es kann nicht sein, was nicht sein darf. Er wandte überdies noch ein, meine Mutter nähme die Tabletten ganz unregelmäßig, sogar tagsüber. Ja, das war mir bekannt. Sie schob morgens gelegentlich eine halbe Dosis nach, wenn sie nachts schlecht geschlafen hatte.

Während des Entzugs durchlebte meine Mutter ihr ganzes Leben noch einmal in rasantem Tempo. Keiner konnte ihr da folgen. Fortwährend sprach sie im Ton der Verzweiflung »von den Steinen«. Ich wusste nicht, dass mit den Steinen Hindernisse gemeint sind, die im Leben im Weg liegen. Mir fielen nur die »Rolling Stones« ein. Und die Steine im Volkslied »Das Wandern ist des Müllers Lust«. Ich holte mitten in der Nacht unser Volksliederbuch. Und da war die Strophe schon: »Die Steine selbst, so schwer sie sind, die

Steine selbst, so schwer sie sind, die Steine. Sie tanzen mit den muntern Reih'n und wollen gar noch schneller sein, und wollen gar noch schneller sein, die Steine.«

Damit nicht genug. Meine Mutter und ich sangen mitten in der Nacht Volkslieder. Es machte meiner Mutter sichtlich Spaß. Wir lachten.

Ein anderes Mal hörten wir ein Geräusch, das wie das Schnauben eines Pferdes klang. Ich sagte: »Vielleicht war das das Pferd von Don Quichotte, wie hieß das noch mal? Sie nannten es Rosinante, Rosinante.« »Ja, ja«, sagte meine Mutter in ihrem fieberhaften Tempo und deutete auf das große Wohnzimmerfenster. Der Don Quichotte sei gerade draußen vorbeigeritten und habe mit den Windmühlen gekämpft. Ich muss ungläubig reagiert haben, denn meine Mutter zeigte noch ein Mal bekräftigend nach draußen. Und jetzt sah ich, was sie meinte. Weit drüben im Westen waren die beiden Windräder mit ihren langen Flügeln, die seit drei, vier Jahren aus dem Forst von Denklingen in den Himmel ragen. Tagsüber mit weißem, nachts mit rotem Blinklicht. Gegen diese »Huddli-Huddlis« habe sie Don Quichotte kämpfen sehen. Wieder lachten wir dieses unheimliche Lachen.

Am nächsten Morgen begrüßte mich meine Mutter auf Englisch: »*Good morning*!« Ich hielt das für einen kuriosen Einfall und erwiderte den Gruß, nicht ahnend, dass meine Mutter beschlossen hatte, die nächsten Tage und Nächte Englisch mit uns zu reden. Nie hatte ich meine Mutter so mühelos fließendes Englisch sprechen hören. Ich kam aus dem Staunen gar nicht mehr raus. Offenbar hatte sie weitaus mehr Kenntnisse als das bisschen Schulenglisch, das sie uns Zeit ihres Lebens dargeboten hatte. Am Ende ihres langen Lebens angekommen, im fieberhaften Tempo des Off, mobilisierte ihr Unterbewusstsein alle Kräfte und zeigte, wem auch immer, was in diesem Geist und Körper steckte. Wir staunten. Wir freuten uns. Wieder lachten wir das neue Lachen. Das ernst gemeinte. Das Lachen in Erwartung des Todes. Trotz allen Leidens in dieser schweren Zeit gab es diese lichten Momente. Und es bewahrheitete sich noch einmal, dass Weinen und Lachen dicht beieinander liegen. Vielleicht sogar zwei Ausdrucksformen einund desselben Gefühls sind.

Die Wiederentdeckung der Langsamkeit

Eine Schildkröte, wegen ihrer Langsamkeit von einem Hasen gehöhnt, wagte es doch, ihn zu einem Wettlauf herauszufordern, den auch er, mehr als Scherz als aus Prahlerei, annahm. Der Tag des Wettlaufs kam; das Ziel wird bestimmt, beide betreten in dem nämlichen Augenblick die Bahn.

Die Schildkröte kriecht langsam, jedoch unermüdlich fort. Der Hase legt sich, um den Hohn gegen die Schildkröte aufs Höchste zu treiben, nach unendlich vielen Seitensprüngen, nur noch wenige Schritte vom Ziel entfernt, in das Gras nieder und schläft aus Mattigkeit ein, bis er durch der Zuschauer lauten Jubel geweckt, die Schildkröte bereits oben am Ziel erblickt.

Schon sah er sie zurückkehren, ging aber aus Scham auf die Seite und gestand frei: In seinem großen Vertrauen auf seine Behändigkeit habe ihn das langsamste Tier der Welt beschämt.

Oft werden gut flatterhafte Köpfe von mittelmäßigen und anhaltend fleißigen eingeholt, ja übertroffen.

Aesops Fabel von der Schildkröte und dem Hasen zählt zu meinen Lieblingsfabeln. Allerdings verwechsele ich sie oft mit dem Grimm'schen Märchen vom Hasen und Igel. In meiner Vorstellung haben die Tiere einen idealtypischen Charakter angenommen, für mich stehen sich Igel und Hase, ähnlich wie in der Westernwelt, als Verkörperung von Gut und Böse gegenüber. Selbstverständlich identifiziere ich mich mit dem Igel, der trotz seiner Langsamkeit das Wettrennen mit dem Hasen gewinnt. Auch ich gehöre von Natur aus zu den langsamen Typen. Oder bin zur Langsamkeit erzogen worden. Mein gesamtes literarisches Schaffen ist eine einzige Verteidigung der Langsamen, Geknechteten und Schwachen.

Parkinson hat diesen Hang in mir noch verstärkt. Parkinson, der Bremser. Ab und zu revoltiere ich gegen die Langsamkeit. Wenn ich überhaupt nicht mehr vorankomme, wenn ich meinen Mitmenschen beweisen will, dass ich auch schnell sein kann, wenn ich nur will. Dann eifere ich meiner älteren Schwester nach, die eine Überfliegerin ist. Die schnellste Pianistin der Welt.

Oder im Sport. Hier entwickelte ich besonderen Ehrgeiz. Noch heute veranstalte ich, trotz meiner Behinderung, imaginäre Wettrennen mit mir selbst, auf dem Hometrainer, beim Joggen. Manchmal in Konkurrenz mit Jüngeren, Schnelleren. Meine Eltern erwarteten nichts Besonderes von mir, spornten mich nicht an. Heute noch klingt mir ihre Warnung im Ohr: »Übertreib's nicht, Junge!«, wenn ich etwa zum Joggen gehe. Dabei möchte ich nur Anerkennung, sonst nichts. Stattdessen stellte meine Mutter mir frei, ich könnte ruhig auch mal in der Schule sitzen bleiben. Kein Wunder also, dass ich nur durchschnittliche Leistungen erbrachte. Später überraschte ich allerdings durch ungewöhnliche Leistungen, und war es nur durch Fleiß und Perfektion.

Meinen Eltern muss ich jedoch zugute halten, dass sie mir umgekehrt keinerlei Hindernisse in den Weg legten. Sie brachten mir auf privater Ebene eine Art repressiver Toleranz entgegen. Sie kamen zwar nicht zu meinem Debüt als Schauspieler und nahmen wenig Anteil an meinem literarischen Schaffen, aber sie ließen mich gewähren.

Meine Schwester hingegen hat ein äußerst kritisches Verhältnis zu meiner Arbeit. Sie verurteilt meine Texte aus einer elitären, puristischen Haltung heraus in Bausch und Bogen. (Dabei wurde ich nie das Gefühl los, dass sie ihr Verhältnis zu mir als Konkurrenz empfand, wobei ich, der Langsamere von uns beiden, sie bei weitem hinter mir ließ, was das Auftreten in der Öffentlichkeit anbetraf. Ihre musikalische Begabung blieb ausschließlich auf eine Privatsphäre beschränkt.)

Ich bin mir erst sehr spät bewusst geworden, dass mein Tun und Lassen in starkem Maße fremdbestimmt waren; dass ich gleichsam mit meinen Taten um die Anerkennung meiner Eltern und meiner Schwester buhlte; dass ich mich stets in einem Konkurrenzverhalten zu anderen dünkte. Und wenn es nur die Konkurrenz zu mir selbst war. Meine Familie vermittelte mir den Eindruck, dass ich nichts weiter als mittelmäßige Leistungen erbrachte, und ich fühle mich bis heute noch als absolutes Mittelmaß. Aus diesen Mustern versuche ich immer wieder auszubrechen. Entweder, indem ich meine Langsamkeit durch Schnelligkeit kompensiere, oder ich mache aus der Not eine Tugend und erbringe in gründlicher, zäher und perfektionistischer Manier ganz ungewöhnliche, zeitaufwändige Leistungen.

Erst Parkinson hat mir meine Grenzen gezeigt. Er hat mir gezeigt, dass mein Ehrgeiz, meine Gründlichkeit, mein Perfektionismus in Verbindung mit meiner Langsamkeit immer mehr Zeit und Energie in Anspruch nehmen, so viel, dass ich schließlich meinen eigenen Ansprüchen nicht mehr Genüge tun kann, ohne dabei Schaden an Körper und Geist zu nehmen.

Warum? Es ist ein einfaches Rechenexempel. Wenn es richtig ist, dass ich in Folge der Akinese meiner individuellen Ausprägung der Parkinsonschen

Krankheit für die Verrichtung alltäglicher Tätigkeiten doppelt so lange brauche wie ein »normaler« Mensch, dann folgt daraus, dass ein »normaler« Tag mit seinen vierundzwanzig Stunden nicht mehr ausreicht, um all das zu schaffen, was ich vorher, in gesundem Zustand, an einem Tag erledigt habe. Angenommen, ich habe früher acht Stunden für den Schlaf benötigt, acht Stunden für Arbeit, den Rest für die Mahlzeiten, Kochen, Einkaufen, Sport, spazieren gehen, Körperhygiene und Ankleiden usf., dann bedeutet das, dass die vierundzwanzig Stunden bereits mit acht Stunden Schlaf und sechzehn Stunden Arbeit ausgeschöpft sind. Für die Regeneration bliebe demnach nicht eine Minute übrig. Das Ergebnis wäre ein unentwegter Kampf um Zeit. Zeit für eilige Übersetzungsaufträge. Zeit für ein Date. Zeit zum Kochen. Zeit für einen Museumsbesuch. Das Resultat wäre permanente Hektik und das tägliche Leben ein einziges Krisenmanagement. Ein ständiges »Hinterherhecheln«. Um das nachzuvollziehen, muss man kein Rechenkünstler sein.

Sowohl in Aesops Fabel als auch im Märchen der Gebrüder Grimm lassen sich die langsameren Tiere, Schildkröte und Igel, durch das höhnische, hochfahrende Benehmen des Hasen zu einem Wettkampf herausfordern. Beide messen ihre Kräfte nicht mit ihresgleichen, sondern mit Tieren, die ihnen haushoch überlegen sind. Trotzdem gewinnen sie den Wettkampf; die Schildkröte durch Ausdauer und Fleiß (auch in Folge der vielen Seitensprünge und der Flatterhaftigkeit des Hasen), der Igel durch Tricks und Betrug. Anstatt ihren eigenen Instinkten zu folgen, lassen sich Schildkröte und Igel fremdbestimmen. Ja, der Igel treibt sein Spiel soweit, dass der Hase schließlich nach vierundsiebzig Runden tot zusammenbricht. Für Golddukaten und Branntwein!

Anstatt in der Fremdbestimmung des Igels seine Verirrung in dem Märchen zu erkennen, habe ich jahrelang sein Verhalten simplifiziert und idealisiert, so wie ich meine eigene Langsamkeit als Tugend hingestellt habe.

Erst im Zusammenhang mit meiner Erkrankung und mit der Jahrtausendwende vollzog ich eine Rückbesinnung auf mein tatsächliches Sein.

Für mich bedeutet das nun die Anerkennung der Tatsache, dass ich so bin, wie ich bin (wie der Hase, der Igel, die Schildkröte und der Specht jeweils so sind, wie sie sind). Es bedeutet Akzeptanz meiner Langsamkeit und Akzeptanz dessen, dass der Tag vierundzwanzig Stunden hat – nicht weniger und nicht mehr.

Übrigens: Hase und Igel, was ist denn nun eigentlich die Moral von der Geschichte? Dass wir (Männer) durch Betrug und unter Zuhilfenahme unserer Frauen die Raser, Angeber zu Fall bringen können? Das kann ja wohl nicht wahr sein.

Oder ist die Story für den Hasen geschrieben und gar nicht für den Igel? Soll dem, und nur dem, ein Denkzettel verpasst werden?

Tür 77: Saal der Künste

Wieso ist noch niemand darauf gekommen: Old Shatterhand ist doch der absolute Knüller als Beinamen für einen Parki. Als ich gestern den Malersaal betrat, begrüßten mich zwei Freunde mit diesem *Nickname*. Wir sind bald abgebrochen vor Lachen.

Meine Liebe zur Musik

»Eigentlich wollte ich Maler werden.« Mit diesem Satz beginnt mein »Lied von der Eigentlichkeit«. Was dieser Satz für mich bedeutet, wurde mir vor einigen Tagen bewusst. Musik und Malerei spielten eine große Rolle in meinem Leben. Urgroßmutter Wagner-Sängerin, Großvater hausmusizierender Komponist und Pianist, der in weimarrepublikanischen Zeiten durch die Lokale Berlins tingelte und so, arbeitsloser Jurist, der er war, die Brötchen für die Familie verdiente. Der Vater, passionierter Liebhaber lautstarker Beethoven-Symphonien und Rossini-Opern, auch engagierter Landschaftsmaler und fähiger Kopist von Rembrandtportraits. Die Schwester, jene rasante Spielerin auf dem klassischen Tasteninstrument. Kein Wunder, dass Musik, besonders die Klassische, eine außerordentliche Rolle in meinem Leben spielte. Allerdings ich als passiver Genießer. Das Bisschen eigenes Geklimpere, Resultat von acht Jahren Klavierunterricht, war nicht der Rede wert. Wenngleich ich auch in jüngster Zeit diesen Faden wieder aufnahm, um festzustellen, dass ich trotz aller Behinderung dem Instrument immer noch dieselben Stückchen abzuringen vermochte wie anno dazumal, trotz gestörter Feinmotorik, trotz lahmer Hand. Um Missverständnissen vorzubeugen: Musik, damit verbinde ich nicht die geringsten professionellen Ambitionen. Musik gehört zu meinem Leben wie die Luft zum Atmen. Musik ist Balsam auf meinen Wunden. Den Unterricht am Klavier habe ich vorläufig wieder eingestellt. Die penetranten Vorschriften des Notensystems engen zu sehr ein, beschneiden meine Freiheit.

Mein Osteopath riet überhaupt vom Pianospiel ab. Das Klavier sei ein schreckliches Instrument, viel zu umständlich, man drückt auf ein elfenbeinernes Klötzchen, und die Bewegung wird auf kompliziertem Weg weitergeleitet, um endlich den anvisierten Ton erklingen zu lassen. Wie genial dagegen das Cello. Der Ton wird von den Fingerspitzen unmittelbar auf der Saite erzeugt und durch den Bogen und den wunderbaren Körper des Instruments zum Klingen gebracht. So leicht lasse ich mir nichts ausreden, noch einmal will er das Klavier improvisierend erkunden. Die Töne und Klänge, Melodien. Häufig endet der künstlerische Ausflug im melancholischen Moll. Es entspricht anscheinend einer existenziellen Grundhaltung meiner Seele. Anregungen holte ich mir bei Satie, Ravel, Debussy.

Im Musikzimmer meines Großvaters stand ein Cello, leicht lädiert, und es hätte nicht viel gefehlt, und ich hätte das Saitenspiel erlernt. Allein die Form des Cellos ist mir sympathisch. Dieser rumpfartige Körper von der Größe eines Jugendlichen. Jedoch habe ich großen Respekt vor Saiteninstrumenten, denn es scheint nahezu unmöglich, den richtigen Ton auf den Saiten zu treffen. Nun kommt mir das Fingerspiel auf dem Saitenhals vor wie ein Leben auf freier Wildbahn, während die Tastatur des Klaviers mich eher an ein gepflegtes Gehege erinnert.

Die gleiche Vorsicht vor Unbekanntem begleitete mich auch auf meinen Erkundungen des neuen Mediums: MALEREI.

Dieselbe Angst hatte ich vor der Malerei.

Der Mensch muss nicht jeden Traum, den er träumt, in die Wirklichkeit umsetzen. Peter Bichsel hat eine wunderbare Geschichte darüber geschrieben. Es ist die Geschichte eines Lehrers, der nachts davon träumt, sich gegen die gängige Schulpraxis, gegen den pädagogischen Lehrbetrieb aufzulehnen, einen Aufstand anzuzetteln, um seinem Frust am System Luft zu verschaffen. Bichsel schreibt, dass dieser Lehrer kläglich scheitern würde. Vielmehr habe der Traum die Funktion eines Ventils, eines Kompensators, durch die die angestaute Wut, der revolutionäre Überdruck einfach Dampf ablassen kann. Bestimmte Träume sind dazu bestimmt, Traum bleiben zu müssen.

Vor ein paar Jahren war eine Frau aus Neuseeland zu Gast auf unserem Bauernhof, auf dem ich damals lebte. Sie malte den lieben langen Tag. Sie versuchte, auch mich zum Malen zu überreden. Ich wehrte mich. Ich hatte beschlossen, Traum Traum bleiben zu lassen. Genauso hatte ich die mehrfachen Aufforderungen, Gesangsstunden an einem Gesangsinstitut in einem Nachbarort zu nehmen, erfolgreich abgewiesen. Man kann eben nicht alles, sagte ich mir.

In meinem Stammlokal passiert jedes Mal, wenn ich dort bin, etwas Überraschendes. Meist treffe ich dort Künstler. Benno, mein Freund und Chefkoch, führt uns zumeist behutsam zusammen. Bei schweren Getränken, tief in der Nacht, das vorzügliche Essen ist längst passé, und schwere Rauchschwaden hängen im Raum. Die Begegnung in dieser Nacht mit einer Malerin sollte ungeahnte Folgen haben. Eine Idee wurde geboren. Eine Performance. Ich sträubte mich gegen das Projekt. Lade dir nicht noch etwas Neues auf. Du hast schon genug auf deinem Buckel. Die Malerin nannte ihr Vorhaben Synismus. Mir lag das Wort Zynismus auf der Zunge. »Multissima Media« taufte ich unser Kind später, denn es gab kaum ein Medium, das wir uns nicht zueigen machten: Der Partner der Künstlerein sollte Texte aus meinem Buch »Mein Freund Parkinson« in eben diesem Restaurant lesen, begleitet von Tönen aus dem Saxophon der Malerin.

Und dennoch stehe ich kurz vor der Generalprobe der »performance« vor einer 110 mal 110 cm großen Leinwand. Jungfräulich weiß. Bin überrascht. Das sieht professionell aus. Leinwand auf Holzrahmen gespannt. Prall gefüllte Farbtöpfe, Pinsel, Spachtel. Gernot fängt zu lesen an. Der Dramaturg in mir murmelt: ... die Texte hätte ich nie ausgewählt. Und, seine Stimme trägt nicht. Falsche Akzentuierung. Ich lege freiwillig Scheuklappen an. Geht mich nichts an. Ist sowieso heikel, wenn andere Texte von mir lesen. Farbe drauf, sagt Sülke, als sie mein Zögern bemerkt. Wie

Mayonnaise fließt das pampige Gelb auf die Leinwand. Schon ist alles um mich herum vergessen. Kein Konzentrieren notwendig. Entweder du malst, oder du lässt es bleiben. Ich spachtele die Farbflächen zu Rechtecken auseinander. Eine Treppe entsteht. Muss mit Nachdruck arbeiten, dann entstehen klare Formen und Flächen. Erkunde die Möglichkeiten, die mir zur Verfügung stehen. Zunächst einfache Formen, dann kurvige Schlenker. Abrundungen, wie Fragezeichen. Jetzt Flächenaufteilung, Schwerpunkte setzen. Mittelpunkt. Genug Gelb. Farbwechsel. Nacharbeiten des Vorhandenen. Mit dem gezackten Spachtel Schraffierungen. Ziehen sich durchs Bild wie achtspurige Autobahnen. Welche Farben sind Komplementärfarben? Welche sind Deckfarben? Welche verändern sich? Das Schwierige, all das in kürzester Zeit sozusagen in »Reinschrift« auszuprobieren. Keine Erfahrung, keine Versuche. Erfordert totalen Einsatz und Intensität, mein ganzes Ich. Schreiben ist anders. Hier siehst du sofort, was los ist. Du verfolgst den Entstehungsprozess Schritt für Schritt. Jedes Detail springt dir ins Auge. Beim Malen die augenblickliche Beziehung zum Ganzen. Schmutztöne eliminieren. Bin süchtig nach kräftigen, leuchtenden Farben. Kaminrot, Marineblau. Eigelb, Zahnpastaweiß. Grün mag ich nicht. Nicht ein grüner Tupfer (grün steht für Vergangenheit). Endlich hat meine bunte, farbige Periode angefangen.

Schluss mit dem Schwarz-Weiß-Zeitalter. Schluss mit den Grau-In-Grau-Tönen in meiner Geschichte »Ein Schiff steht still im Triebe«. Schluss mit den Schwarz-Weiß-Fotos. Bei jedem Schlusspunkt klatsche ich mit dem Pinsel eine Portion Rot, Blau, Gelb, auch hie und da einen Flecken Weiß oder Schwarz, auf die Leinwand. Die letzten Jahre waren eine Übergangsphase gewesen. Schwarz verschwand auch von meinen Wänden, und Jawlenskij, Macke, die Münter und Hesse brachten Farbenpracht in die Wohnung. Nun war ich selbst Kreator. Jetzt kam, ohne dass ich es eigens beabsichtigt hatte, die farbige Welt aus mir selbst hervor. Ich war in einen strömenden Prozess geraten, der durch nichts aufzuhalten war. Platsch!!! Platsch!!! Eine halbe Stunde war mir vorgegeben. Ich benötigte kaum mehr. Übermalen. Ausfüllen. Impulsiv. Fragen, ob ich etwas Konkretes zu malen beabsichtige? Einen Menschen, Tiere, die Natur. Nix da, höre ich mich antworten. Abstrakt? Mitnichten, was dann? Das bin ich! Ich male mich! Bunte Flecken, Flächen. Programmatische Flächen, Spiralen, Treppen. Da ist Bewegung drin, niemand wird alles entdecken. Unendlich viele Kosmen. Welten. Farben, wie die eines Pfaus. Nein, viel bunter. Knalliger. Reicher. Gottes Universum, ein trister Friedhof. Mit schwarzen Löchern. Es ist bunteste Micky Mouse Welt. Kalifornien 1970. Flower Power. Welt der Hippies.

Tür 56: Sportstudio

Jedes Mal, wenn ich am Sportstudio vorbeikam, sah ich Parkinson dort. Er saß in einer Ecke im Halbdunkel und beobachtete die Sportler und ihre Anhängerschaft.

In den meisten Räumen war das Licht heruntergefahren, sodass man die Personen auf den ersten Blick nicht erkennen konnte. Es hatte sich aber im Nu herumgesprochen, wer alles da war: Spitzensportler, Funktionäre, Fans. Ich wusste, was Parkinson dort wollte. Seit Muhammad Ali zu seiner Truppe gehört, ist es ja kein Geheimnis mehr, worauf er es abgesehen hat. Er hat diesen Fimmel, Prominente auf seine Seite ziehen zu wollen (Franco, Hitler, Dali, Arafat, Cash). Könnte es sein, dass er eitel ist? Ein Angeber? Der Ehrgeiz von Spitzensportlern kennt keine Grenzen und wie niemand anderes stehen sie unentwegt im Blickfeld der Öffentlichkeit. Menschen, die permanent ihr Äußerstes geben, ständig im Wettbewerb mit sich selbst und mit anderen Sportlern stehen. Ein Tennisprofi kennt nur eins: trainieren, trainieren, trainieren und: von einem Turnier zum nächsten. Sport ist Mord. Ständig überfordern die Sportler ihren Körper, und die Dopingskandale sind die logische Folge. Es ist geradezu ein Wunder, dass relativ wenige an Morbus Parkinson erkranken, der Krankheit, die den Erkrankten zurück in seine Schranken verweist. Und von den Betroffenen wiederum versteht nur ein kleiner Prozentsatz, warum sie diese Krankheit bekommen haben. Ich erinnere mich an einen Schweizer Spitzensportler, ich meine, es war ein Zehnkämpfer, der eine Medaille nach der anderen einheimste, immer neue Rekorde aufstellte und schon bald zu den Weltbesten zählte. Da ereilte ihn Parkinson. Er verstand die Welt nicht mehr. Er zürnte und haderte mit dem Schicksal. Warum ausgerechnet er? Wo er doch der Erfüllung seiner Wünsche so nahe war. Seine Schwägerin rief mich an. Flehte mich an, ihm zu helfen. Aber ihm war nicht zu helfen.

Er musste von selbst darauf kommen, dass jedem Menschen natürliche Grenzen gesetzt sind, die es zu achten gilt. Medaillenjäger, Weltrekordler, Olympia-Sieger werden beherrscht von Ehrgeiz, Ruhmsucht, Eitelkeit und Geldgier. Erst, wenn sie die Ranglisten anführen, erst, wenn sie Bester und Größter sind, geben sie sich zufrieden. Und manche selbst dann nicht. Wie weit hätten die Menschen den Turmbau zu Babel getrieben, wenn Gott nicht eingegriffen hätte?

Mit meinem transatlantischen Freund Charles habe ich einige Wahnsinnsprojekte aus der Taufe gehoben. Am Ende klopften wir uns per Telefon gegenseitig auf die Schultern, lobten uns über den grünen Klee und stellten stolz fest: »Gipfelstürmer sind wir!« Halb ernst gemeint, halb im Spaß. Selbst wir, die wir den Superlativismus der Profisportler kritisierten, davor waren auch wir nicht gefeit.

Boris Becker war für mich das abschreckende Beispiel eines Muskelprotzes. Wie überrascht war ich, als ich eines Abends eine Sauftour mit Boris durch die Bars der Stadt unternahm. Ich sah mich gezwungen, meine Meinung zu revidieren. Wir unterhielten uns zwanglos. Weder er noch ich stellten irgendwelche unangenehmen Fragen. Bald darauf sah ich Boris Becker in Johannes B. Kerners Talkshow. Vielmehr ich hörte ihn. Eloquent wäre leicht übertrieben. Eher redselig. Es ging ja auch um »Profi-Tennis«. Sogar zum Talkmaster mauserte Boris sich unter Anleitung von JBK. Wer hätte das gedacht?

Freilich ist anzumerken, dass meine Begegnung mit Boris in einem meiner Träume stattfand.

Während der Weltmeisterschaft wimmelte es im Sportstudio nur so von Fußball-Prominenz. Eigenartig, dass darunter kein einziges Parkinson-Opfer ist. Woran mag das liegen? Vermutlich ist es schwieriger für Parkinson, eine Bresche in die Mannschaft zu schlagen, als einen Einzelkämpfer zu vereinnahmen. Außerdem hätte er die gesamte Fangemeinde dieser Fußballstars gegen sich, die wie eine Eins hinter den Spielern steht und sie vergöttert.

Um ein Haar hätte ich lauthals gelacht, als der Moderator Parkinson zum Schießen auf die Torwand auswählte und dessen Bälle ausnahmslos meilenweit am Tor vorbeigingen.

Parkinson ist alles andere als ein sportlicher Typ.

Vom Ich zum Wir

Gelächter drang aus dem Vortragssaal.

Ich hatte diesen Raum bisher gemieden. Angekündigt war ein Vortrag über Selbstheilungskräfte. Ein Lama des tibetischen Buddhismus war als Vortragender genannt.

Das Thema schien mir sehr speziell und interessierte mich eigentlich nicht. Was gab es bei diesem trockenen Thema zu lachen? Neugierig geworden, öffnete ich die Tür, über der ein Schild mit der Nummer 33 prangte.

»Ihr Deutschen seid ein Volk mit enormen Depressionen. Ihr nehmt alles so furchtbar ernst.« Der Vortragende lachte in sich hinein und fuhr fort: »Das ist ja in Ordnung, ihr seid sehr gute Studenten. Ihr wisst über alles Bescheid. Aber hin und wieder stünde euch ein wenig Humor gut an.«

Wieder dieses In-sich-hinein-Lachen, das ansteckend wirkte und sich auf das Publikum übertrug. Hier schien doch wider Erwarten eine unterhaltsame Veranstaltung stattzufinden.

Ich ließ mich in einen der wenigen unbesetzten Plüschsessel sinken und hörte dem Redner zu, der offenbar seinen Vortrag zusammenfasste:

»Ihr hier im Westen habt Köpfe wie Riesen, aber eure Herzen sind klein wie die von Zwergen. Es sollte aber umgekehrt sein. Viel Wissen anhäufen ist kein Kunststück. Aber der Wahrheit auf die Spur zu kommen, ist schon schwieriger.«

Wieder dieses Lachen. »Die Wahrheit ist selbst sehr einfach. Was die Sache kompliziert, ist, dass es zwei Wahrheiten gibt. Die Absolute, die, wie der blaue Himmel über den Wolken, immer gleich bleibt. Und die Subjektive, die wie die Wolken sich stets verändert und dazu noch die absolute Wahrheit verdeckt.«

Selten habe ich einen ernsthaften philosophischen Zusammenhang so humorvoll, schlicht und einfach gesprochen gehört. Die Zuhörer dankten für diese auf den wunden Punkt gebrachte Erkenntnis dem Vortragenden mit einvernehmlichem Lachen.

Bevor ich die Frage formulieren konnte, wie man denn zu einer solchen Einfachheit des Denkens und Fühlens vordringen könne, fasste der Redner, der Deutsch mit einem schweren Akzent sprach, auch diesen Aspekt zusammen, als hätte er meine Frage gehört.

»Vereinfache dein Leben, wirf all den unnötigen Ballast ab. Meditiere und finde deine Mitte und schließe Frieden mit dir selbst. Konzentriere dich auf das Wesentliche. Lerne richtig zu atmen. Einzuatmen und auszuatmen. Und was hindert uns eigentlich, dies alles in die Tat umzusetzen? Was steht unserem Glück im Wege? Nun, es sind nur drei Dinge, die allerdings so eingefleischt sind, so tief sitzen, dass es fast ein Ding der Unmöglichkeit ist, sie zu überwinden.

Erstens, unser Ego (mit allem, was dazu gehört, Egoismus, Egomanie, Egozentrik und so fort). Zweitens, der Zweifel (die Domäne der »Ja-aber-Fraktion«. Ihre Mitglieder stimmen mit allem, was du sagst, überein. Aber immer haben sie gleichzeitig etwas einzuwenden. Ja, aber … Yes, but … oui, mais …). Und drittens, die Angst; Angst, loszulassen. Nur wer diese allmächtige Trias überwindet, kann zum wahren Glück gelangen.

Es ist nicht das Glück des Einzelnen, sondern das Glück aller Kreaturen. Mit dem Einatmen nimmt der Mensch das Leid anderer auf sich, und mit dem Ausatmen gibt und schenkt er anderen seine Liebe.«

Kurzes Schweigen. Dann lachte der Tibeter, der Lama, wiederum vor sich hin, jetzt am Ende seines Vortrages angekommen. Aber deutlich lauter, als wolle er das Gesagte noch ein Mal bekräftigen.

Ein göttliches, in sich ruhendes, unbeschwertes Lachen, wie mir schien. Ein Lachen über die Größe, ja, über die Schwierigkeit der Aufgaben, die er der anwesenden Gemeinschaft unterbreitet hatte. Ein ehrfürchtiges Lachen also, das die Mitlachenden durchaus mit einbezogen hatte. Kein Auslachen.

Dies war meine erste Begegnung mit dem, ich nenne es einfach: neuen Lachen.

Mein Entschluss stand felsenfest. Ich musste dem, was ich gerade vernommen hatte, mit aller Intensität nachgehen. Ich hatte das Gefühl, dass sich hinter den simplen Worten des Tibeters ein universelles philosophisches Konzept verbarg, das meinem Lebensentwurf einer zaghaften, in den Krankheitsjahren entwickelten eigenen Sinngebung der Welt nicht widersprach, aber eine große Neugier in mir entfachte.

Ein Schlüsselwort erschien mir das Wörtchen EGO. Solange ich die (vermeintlichen) Bedürfnisse meines Ichs befriedigte, solange irrten meine Selbstheilungsversuche im privaten Kreis umher. Wen interessiert es denn, ob ich über den Atlantik gesegelt bin oder nicht? Wen interessiert es schon, ob ich auf dem Rhön-Kongress war oder in einer Talk Show aufgetreten bin oder nicht?

Meine höchst egoistischen Unternehmungen sind eben nur das: egoistische Unternehmungen. Ich begann zu ahnen, dass durch die so unscheinbar und bescheiden daherkommenden Worte dieses Redners ein Prozess in mir ausgelöst wurde, den ich der Einfachheit halber »vom Ich zum Wir« nennen möchte.

Und wäre Parkinson dann derjenige, der die größten und uneinsichtigsten Egomanen, die bis ans Dach der Welt spazieren, die sich größer als alle Zeitgenossen dünken, die ihre Körper und ihre Natur mit Füßen treten, wäre Parkinson dann so gesehen eine sinnvolle Instanz, ein Ordnungshüter, von wem auch immer eingesetzt, um mich zur Rückbesinnung und Umkehr anzuleiten?

Ich blieb noch eine Zeitlang in meinem Sessel sitzen und ließ das Gehörte auf mich wirken.

Einfachheit des Lebens … Einfachheit des Fühlens und Denkens, wie oft hatte ich mir dies schon vorgenommen, aber bin doch schon bald wieder im Alltagsdschungel stecken geblieben.

Also Wahrheit!

Sie ist nicht immer gut sichtbar. Sie ist verhüllt. Der Weg zu ihr ist nicht einfach. Der Mensch ist daran schuld, er verstellt sich den Weg, er ist blind und sieht oft gar nichts, weil er sich selbst im Weg steht, zwischen Wahrheit und Selbstsucht. Der Mensch selber verhindert seinen »Durchblick« und verwechselt die subjektive Wahrheit mit der absoluten, er hält die subjektive für die absolute. Kein Wunder, dass er, überzeugt von seinem Ego, sich vor der Wahrheit fürchtet und nicht erkennt, wie einfach sie ist.

Manch einer redet das Blaue vom Himmel herunter. Das heißt, er wäre zur absoluten Wahrheit vorgedrungen, kann allerdings damit gar nichts anfangen. Anstatt zu lernen, mit ihr umzugehen, wird sie zerredet und er versucht, sie sich untertan zu machen, das heißt, er glaubt, er mache sie sich untertan. In Wirklichkeit macht er sie unkenntlich.

Wer den blauen Himmel gesehen hat, der vergisst ihn nicht mehr. Und wenn es nur ein kurzer Blick durch ein Wolkenloch war. Es ist, wie vom Baum der Erkenntnis gegessen zu haben. Er weiß, wie es schmeckt. Er kennt das Ziel und wird es sofort wiedererkennen, wenn er es sieht, spürt, hört oder schmeckt. Das Gute ist nur gut, wenn man es tut. So ist es auch mit der Wahrheit. Um diese in meinem Leben wieder fruchtbar zu machen, war und ist es nötig, das Leben zu vereinfachen, um weitere, ungeahnte Kapazitäten freizusetzen. Alles Unnötige flog raus.

Gute Anregungen schenkten mir ein Buch »Entrümpeln mit Feng Shui« und eine CD »*Simplify your Life*«. Ich fing an, aufzuräumen und wegzuschmeißen. Es kam Luft und Raum in mein Leben. Entscheidungen wurden nicht mehr vor mir hergeschoben, sondern kurzerhand gefällt. Sehr oft jedoch über die Gefühle und nicht mit dem Verstand.

Alte Gewohnheiten sollten nun gebrochen werden, auch wenn sie einem noch so lieb sind.

Wer kennt nicht die Qual, beim Italiener die Speisekarte durchzugehen und sich für ein Gericht entscheiden zu müssen? Manche Gastronomen sind stolz darauf, dass sie unzählige Speisen aufgelistet haben. Da muss man ja die Bedienung ein-, zweimal wegschicken, bevor man sich für ein Menü entschieden hat.

Allein die Pizza-Auflistung: Nr. 129 Käse, Tomaten, 130 Käse, Tomaten, Zwiebeln, 131 Käse, Tomaten, Zwiebeln, Knoblauch, 132 Käse, Tomaten, Zwiebeln, Pilze, 133 Tomaten, Shrimps und so weiter und so fort. *Repetitio ad infinitum.*

Und was ist das Ergebnis? Nun, es läuft meist auf das Gleiche hinaus: Pizza Calzone oder Pizza vegetarisch oder Spaghetti Carbonara. Das sind meine Lieblingsgerichte und oft schlage ich nicht einmal mehr die Speisekarte auf, bestelle sofort Pizza de luxe und eine große Apfelsaftschorle. So einfach kann das Leben sein! Pizza Calzone? Eine gute Idee. Ich stand auf und ging in die Bar, um etwas zu essen.

Die Worte des Tibeters gingen mir weiter im Kopf herum. Das Leid der anderen Menschen auf sich nehmen und ihnen Liebe schenken. Damit wäre in der Tat mein Problem Egoismus, das mir schon immer zu schaffen machte, überwunden. Und meine Angewohnheit, mich für andere einzusetzen, wofür die Stichworte »Helfer-Syndrom« und »ehrenamtlich« stehen mögen, käme mir dabei durchaus zugute. Und waren das nicht auch Ideen, die im Urchristentum und im Kommunismus eine zentrale Rolle spielten …

Tür 47: Lachclub

Nicht-enden-wollendes Gelächter drang aus einem anderen Raum. Schallendes Gelächter. Wildes Gelächter. Skandiertes Lachen. Hysterisches Gelächter. Zwölftongelächter. Psychedelisches Lachen. Knallbunt wie ein Mickey-Mouse-Cartoon. Ein Gegackere ohne seinesgleichen.

Es war dies der Übungsraum eines Lachclubs, dem ich seit einiger Zeit angehörte. Sie haben richtig verstanden. Lachclub. »Gründen Sie einen Lachclub«, hatte mir mein Ostheopath empfohlen. »Lachen ist gesund.« »Worüber wird da gelacht?« »Über nichts. Einfach nur lachen.« Der das sagte, verstarb bald da-rauf. An einer hundsgewöhnlichen Grippe.

Doch ehe ich das reine Lachen, das Lachen an und für sich, ausprobieren konnte, ergab es sich, dass ich eine Liebesbeziehung eingegangen war, in der das Lachen großgeschrieben wurde. Wir lachten oft den ganzen lieben Abend lang, bis tief in die Nacht hinein, klopften uns die Schenkel, lachten, was das Zeug hielt, und wussten am Ende nicht mehr, warum und wieso. Wir lachten, Parkinson zum Trotz. Es war dies ein therapeutisches Lachen, das mir gut tat.

Ich erinnere mich an eine Nacht in einem Züricher Hotel. Das Bett, in dem wir schliefen, war kein Doppelbett. Zwei Einzelbetten waren es aber auch nicht.

In der Mitte gab es eine Lücke. Ein loses Brett trennte die beiden Liebenden voneinander. Und war ihnen im Wege. Das Ganze machte einen unsoliden Eindruck. Vielleicht war unser Vorgänger ein Draufgänger gewesen und hat uns das demolierte Bett hinterlassen, ohne dass das Hotelmanagement davon wusste. Jedes Mal, wenn einer in der Lücke landete, fingen wir an, lauthals zu lachen. Je mehr wir versuchten, ein Bein aus dem Zwischenraum herauszubugsieren, desto mehr drückten wir mit Schenkel und Wade die Wrackteile auseinander. Sodass wir periodisch aufstehen mussten, um sie wieder zusammenzuschieben. Nur, wenn wir ganz still lagen, blieb das Bett da stehen, wo es war.

Nun warteten wir auf eine bestimmte Fernseh-Sendung. Die aber immer wieder verschoben wurde. Wegen des Krieges, der im Irak tobte. Eigentlich war das alles sehr ärgerlich, aber wir machten das Beste daraus. Und lachten und lachten und lachten die ganze Nacht über unser Pech.

Frisch Verliebte lassen sich nicht so schnell die Laune verderben. Ihre Freude, ihr Glück wiegt mehr als alle Unannehmlichkeiten des Tages. Da musste selbst Parkinson im Hintergrund bleiben.

Die »Entedisonifizierung«

Wie ich das Telefon zurück erfand. Ein Rap.

Mann! Ich hatte das Telefon zurück erfunden. Nenn mich einfach Mr. Edison, Mr. Minus Edison. Ich mache Mr. Edison einfach ungeschehen; als hätte er das Telefon nie erfunden. Jedenfalls für mich. Für mich hat Mr. Edison das Telefon nie erfunden. Hauptsache, ich verstehe das. Was die anderen denken und spüren, interessiert mich nicht. Erinnert ihr euch an den Mann an der Börse, den mit den beiden Telefonhörern an den Ohren, der nicht einmal telefoniert, das kann ja jeder. Nein, er führt zwei Telefongespräche auf einmal, simultan. Der kommt sich ungeheuer smart vor. Ist aber in Wirklichkeit der letzte Idiot. Der hat'nen Krümel auf der Schalmei. Ist aber egal. Nun, gut, ihr mögt denken, dieser Rapper da oben, der hat selber was an der Rassel. Der hat'se doch nicht mehr alle. Mag sein, ihr habt Recht. Aber darum geht es gar nicht. Es geht im Leben nicht um das Rechthaben. Im Leben geht es um das Leben. Mehr nicht und auch nicht weniger. Mit dem Telefon wäre es beinahe aus gewesen mit meinem Leben. Ich war drauf und dran, vor die Hunde zu gehen. Und vielleicht gehe ich auch vor die Hunde. Mr. Edison hat mir so stark zugesetzt, dass ich mich unter Umständen nicht wieder davon erholen werde. Tumor im Kopf oder Blutkrebs oder so was … Insofern kam die »Entedisonifizierung«, meine ganz persönliche »Entedisonifizierung«, keinen Augenblick zu früh. Ja, es war wie ein Krimi, ein late-evening-Krimi im Fernsehen. Ich wurde verfolgt. Ich wurde von einer unbekannten Macht verfolgt und fertiggemacht, gefoltert und fertiggemacht. Ich konnte schon nicht mehr aufrecht gehen, so schwer lastete dieses gewisse Etwas auf mir. Am Anfang war nur eine schwerwiegende Last auf meinen Schultern. Zuletzt waren es unerträgliche Schmerzen. Ein Zerren und Ziehen an den Nerven. Alles war so unendlich mühsam. Jede Bewegung. Selbst das Sitzen, das Stehen, das Nichtstun. Der Körper, eine ungeheure Last. Er wird total unbequem. Dauernd und überall. Unmöglich zu beschreiben. Wer so etwas nicht erlebt hat, weiß nicht, wird nie wissen, wie sich das anfühlt. Ich glaube, die Leute unterschätzen das eher: Kann doch nicht so schlimm sein, denken sie, man sieht ihm ja auch nichts an, er sieht aus wie das blühende Leben, schaut ihn euch bloß an, der ist doch gerade aus dem Urlaub aus Florida heimgekehrt. Nun, ich sage euch: Wenn dieses qualvolle Gefühl weg ist, und im Moment ist es weg, dann weißt du erst, was du alles ertragen hast. Du weißt erst, was das Telefon bedeutet, wenn es nicht mehr da ist. Ex negativo, Ent-edisonifizierung. Nur im Schlaf hattest du eine gewisse Linderung. Aber selbst sein Schlaf war schon völlig zerrüttet. Im Schlaf schützt der Körper sich gegen Angriffe von außen. Sonst wäre er allzu leicht verletzbar. Er hält gleichsam Wache über sich selbst. Auf diesen natürlichen Schutz konnte er sich allein aber nicht mehr verlassen. Seine Häscher waren ihm schon dicht auf den Fersen. Ihre Giftpfeile hatten ihn schon erreicht, hatten ihn schon so sehr geschwächt, dass es nur noch eine Frage der Zeit war, bis er endgültig zusammenbricht. *Richard Kimble* konnte jedes Mal in letzter Sekunde durch das Badezimmerfenster oder den Hintereingang fliehen. Ihn aber hatten die Verfolger eingekreist und zogen die Schlinge um seinen Hals immer enger.

Dieses Mal sah er keinen Ausweg mehr. Das Ende scheint ihm nahe, beziehungsweise langes, unwürdiges Siechtum. Sein Stolz stand ihm im Wege und er denkt daran, sein Leben zu beenden. Jüngst bat er seine Tochter, zu ihm zu kommen, denn er fürchtete, das Ende sei nahe. In den letzten zehn Jahren war er dreimal umgezogen, mit Sack und Pack. Eigentlich sogar viel öfter, wenn man mitzählt, wie er fluchtartig und kurzfristig Unterschlupf bei Freunden suchte. Am

Anfang versuchte er sein Verhalten sich selbst und anderen gegenüber zu erklären, allerdings meist ohne Erfolg. Vielmehr heimste er sich wohlmeinende Ratschläge von Freunden, Therapeuten und seiner Familie ein: » Vor wem läufst du eigentlich weg? E-Smog, bist du sicher? Das sind doch nur Vermutungen.« »Es ist doch merkwürdig: Du fliehst vor elektrischen Feldern, die du in deiner Umgebung geortet hast, und suchst Zuflucht an jenen seltenen Orten, die dir verträglich erscheinen. Anfangs geht es noch gut, doch dann läuft wieder ein ähnlicher Mechanismus ab. Kaum hast du dich an dieser neuen Oase einigermaßen eingerichtet, dann fängt die Chose von vorne an.« Und jene Mitmenschen geben dir dann indirekt, aber unmissverständlich zu verstehen, dass die Gründe für das Verhalten im Psychischen lägen. Zuletzt eine Ärztin, die ihm kurz und knapp eine E-Smog-Phobie attestierte, als sei das etwas Naturgegebenes. Sie schenkt dem Phänomen aber nur geringe Beachtung, denn schließlich sei das Ganze nur eingebildet. Und so verpasste sie ihm zu seiner Batterie von Medikamenten ein weiteres. Ungewöhnlicher Tipp eines Freundes: »Strom ist nun mal unsichtbar.« Aus diesem Grund sind die Auswirkungen auf Mensch und Tier schwer nachzuweisen. Die Ursachen für E-Smog sind heute so vielfältig, dass er von sich behauptet, je mehr er über diese Dinge erfährt, sich aneignet, desto weniger verstehe er, was hier eigentlich vor sich geht. Eins aber ist gewiss: Als er gestern den Stecker (SAE) aus der Buchse zog, da verschwanden die Schmerzen, die Beklemmung, auf der Stelle. Die Beugung des Rückens war fort, Energie strömte zurück, er geht aufrecht und der Gang zügig. Keine Trippelschrittchen. Mittlerweile kennt er seine »Techno-Feinde« (wiewohl diese Liste sich laufend verändert). Insgesamt gesehen hat sich seine Hypersensitivität gegenüber elektromagnetischen Feldern und besonders digitalen Frequenzen erheblich verschlimmert. Es geht blitzartig, keiner glaubt ihm das. Das muss auch nicht sein. Es genügt, wenn er es spürt. Basta und der beste Schutz heißt meiden, vorbeugen.

Die Fraktion der Wohlmeinenden wirft an dieser Stelle ein: Es gibt keinen Ort auf der Erde ohne Strom. Selbst im Himalajagebirge treffen uns die Wellen der Satelliten. Verschiedene Freunde haben vorgeschlagen, einen Schutzanzug anzuschaffen, der mich unantastbar macht. Ähnlich jener Rüstung, von der er wenige Tage vor der Diagnostizierung des Morbus Parkinson träumte, beziehungsweise meditierte:

13. Februar 1996

Ganz kurz meditiert. Dabei mich – mit anderen – kommen sehen in ganz dicker, steifer Ritterrüstung, mich ängstlich umschauend. Genau das meine Situation: Dicker Panzer, zu meinem Schutz. Warum?

Absurd die Vorstellung, man könne in so einem Anzug »überleben«, und heute, zu Zeiten der sich ausbreitenden Vogelgrippe, geistern Menschen in Schutzanzügen kreuz und quer durch die Medien. Dejà vue, denke ich. Wo war das noch? Ach ja, »Tanz des Kojoten«, in jenem Roman des Choctaw-Indianers über eine Epidemie, die in einem indianischen Reservat ausbricht. Unvergesslich die Szene, in der die Weißen in Schutzanzügen in einem Indianerdorf auftauchen.

Während ich da oben »rappe« und über Enttelefonifizierung philosophiere, wird im Saal Gelächter laut (oder dringt das Lachen aus einem der Nebensäle, wo ein Lachclub tagt?) und jemand ruft mir zu: »Du bist doch einer der größten Telefonierer vor dem Herrn. Jedes Mal, wenn ich dich sehe, hängst du am Telefon und quatscht irgendwelchen Frauen die Ohren ab.« »Guck dir doch mal deine Telefonrechnungen an, dann weißt du, was Big Ben geschlagen hat.« »Der einzige Draht, den ich nach draußen habe«, entgegnete ich. Da zieht der andere einen Gegenrap auf.

Schluss

Drei Leben

Es ist wahr: Durch den Autounfall hat sich mein Befinden rapide verschlechtert. Im Kampf um meine Gesundheit bin ich um Jahre zurückgeworfen worden. Es ist müßig, über die Schuldfrage zu diskutieren. Ich kann nicht alles Parkinson in die Schuhe schieben. Zunächst gilt, dass ich für mein Leben selbst die Verantwortung trage, auch als Autofahrer. Ich hätte jene Fahrt nicht antreten müssen, ausgepowert, wie ich war.

Und was den Sekundenschlaf anbelangt, so ist das eine gemeine Erfindung, aber es ist nicht deine, Parkinson. Andere sind auch davon betroffen. Du bist schließlich nicht der liebe Gott. Dass der Sekundenschlaf bei deiner Klientel auffällig häufig vorkommt, das musst du schon auf deine Kappe nehmen. Ich höre dich entgegnen: Du musst ja nicht Autofahren. Keiner zwingt dich dazu.

Ich habe den Unfall überlebt.

Ich hätte auf der Stelle tot sein können. Ich habe einen Schutzengel gehabt. Ich habe eine neue Chance erhalten. Ich habe mein drittes Leben begonnen. Ich nehme an, das ist mein Letztes. Jedenfalls gehe ich davon aus. Wenn nicht, dann nicht. Warum drei Leben? Drei ist eine magische Zahl.

In der Leichtathletik hat jeder Wettkämpfer drei Versuche. In den Religionen spielt die Drei eine zentrale Rolle.

Das erste Leben endete mit dem Ausbruch der Parkinson'schen Krankheit. Ohne es von vornherein zu wissen, hatte ich auf jeder dieser Stufen bestimmte Bewährungsproben zu bestehen.

Mein zweites Leben war im Wesentlichen durch schwere Krankheiten bestimmt und eine notwendige Besinnung auf das Existenzielle im Leben. Ich bekenne, ich habe mein Bestes gegeben und ich würde im Großen und Ganzen alles noch einmal so machen.

Aber ich habe eine Ahnung, dass die Götter noch nicht zufrieden mit mir sind und mich noch einmal auf die Reise schicken, um mir mehr und Besseres abzuverlangen.

Was immer das sein mag und wie immer das aussehen wird.

Parkinson, wer ist das?

In letzter Zeit sind Stimmen laut geworden, die mir suggerieren wollen, dass Parkinson jetzt wohl nicht mehr mein »Freund« sei. Vier Krankenhausaufenthalte in einem Jahr. Das ist zwar kein K.O.-Sieg für Parkinson, sieht eher nach einem Sieg nach Punkten aus. Wie auch immer. Ich muss diesen Leuten eine Abfuhr erteilen. Ich gebe mich keineswegs geschlagen. Auch wenn die Gangart der Krankheit rauer geworden ist, ich bin nicht bereit, Parkinson als meinen Feind anzusehen. Ich möchte nicht leben mit einem Feind im eigenen Körper, oder, kriegerisch ausgedrückt, mit einem trojanischen Pferd in den eigenen Reihen. Das würde nur zu Hass, Wut und Zorn und ständige Querelen führen. Manch einer hat mir weismachen wollen, er würde, hätte er einen solchen Freund, diesen kurzerhand rauspfeffern und an die frische Luft setzen.

Leichter gesagt als getan. Wir sehen uns zu guter Letzt noch einmal mit der entscheidenden Frage konfrontiert, wer dieser Parkinson eigentlich ist. Es bewahrheitet sich einmal mehr der Satz: Kein Autor kommt ungestraft davon, wenn er die brennenden Fragen seiner Abhandlung nicht zur Zufriedenheit seiner Leser beantwortet. Jeder Leser, der das Gefühl hat, sein Autor führe ihn an der Nase herum, ist ein verlorener Leser. Genau das gilt es zu verhindern, denn der Autor seinerseits gibt sich mit seinem zweiten Band zum Thema Parkinson noch keineswegs zufrieden. Er hat Pläne, diese Reihe fortzusetzen, als wäre Parkinson ein Kommissar und die nächsten Titel könnten heißen: »Parkinson bei den Indianern«, »Parkinson macht Urlaub«, »Parkinson in Rente«, »Parkinson wird alt«, »Good Bye, Mr. Parkinson«, und so weiter und so fort. Es wird der Tag kommen, an dem sich die Ratten im ICE, die Leseratten, fragen: »Ist der neue Parkinson schon raus?« »Haben Sie schon den neuen Parkinson gelesen?« Und insgeheim hofft der Autor, dass die Reihe schließlich verfilmt werden wird (hat er doch absichtlich so manche Filmszene in seine romaneske Dramaturgie eingebaut.)

Bert Brecht hat seinerzeit darauf aufmerksam gemacht, dass es manchmal wichtiger ist, eine Frage zu formulieren, statt leichtfertig auf alles eine Antwort zu wissen. Und so stellen wir abschließend noch einmal die Frage: Wer ist denn dieser Parkinson eigentlich? Wie ist er nicht alles genannt worden: Freund, Feind, Kumpel, Komödiant, Gaukler, Lehrmeister, Verführer, Provokateur, Mephisto. Ein Priester hat in ihm sogar Jesus vermutet. Am meisten leuchtet mir die Interpretation einer Leserin in einem Brief an den Autor ein:

Die Figur des zum alter ego personifizierten Parkinson hat in meinen Augen vielleicht weniger philosophische Funktion, als dass sie einen gelungenen literarischen Kunstgriff darstellt, der u. a. dazu dient, Ihrer persönlichen Geschichte Züge eines klassischen Dramas zu verleihen bzw. dies sichtbar zu machen.

Parkinson als mythologische, mephistophelisch gefärbte Figur mit bühnenhaftem Charakter versinnbildlicht die kollektive und sozusagen unpersönliche Ebene des Krankheitsprozesses.

Die entscheidende Wendung hier ist: »… zum alter ego personifizierten Parkinson«. Denn mit Parkinson ist eigentlich kein Mensch gemeint, sondern eine Krankheit. MORBUS PARKINSON. Und doch war Parkinson ein Mensch. James Parkinson, jener Arzt, der zu Beginn des 19. Jahrhunderts als erster die nach ihm benannte Krankheit in dem Essay »On the Shaking Palsey« beschrieb. Der in meinem Text ist hier nicht gemeint. In diese Figur kann selbstverständlich jeder hineininterpretieren, wen und was er will. Kein vernünftiger Mensch wird in Abrede stellen, dass Parkinson der Feind all derer ist, die unter dieser Krankheit zu leiden haben. Darum geht es auch gar nicht. Es geht vielmehr darum, wie wir mit diesem Feind umgehen.

Ich war dieser Tage Zeuge der Finalrunde im »Einander-Spiel«, die im Spielcasino stattfand. Um den Pokertisch herum war es mucksmäuschenstill geworden. Auf dem Pokertisch stapelten sich die Geldscheine zu hohen Türmen. Nur noch zwei Spieler spielten mit. Der Rest war pleite. Ihre starren Blicke waren auf die Karten der beiden übriggebliebenen Spieler fixiert; einmal mit dem Ausdruck des Entsetzens, als wollten sie sagen: Um Himmels Willen! Auf so eine Scheißkarte setzt der sein ganzes Vermögen! Ist der verrückt? Oder: Das sind ja Wahnsinnskarten! Hätte ich nur einmal solch ein Blatt gehabt!

Der Schein der Tiffany-Lampe lässt den bläulichen Qualm der Zigarren und Zigaretten in gespenstischen Formen erleuchten. Einer der letzten Spieler ist Parkinson! Mich überrascht es nicht, ihn hier zu sehen, wird doch ein paar Meter weiter an einem anderen Tisch seine Sache verhandelt. Doch, wer weiß, vielleicht ist es besser, wenn er dem Spiel fernbleibt. Andernfalls würde er am Ende noch von seinen Feinden gelyncht. Um diese Frage: Parkinson als Freund oder Feind ging es nämlich in dieser Spielrunde. Die Feinde Parkinsons hatten eine lautstarke Phalanx gebildet.

Es fielen Schlagworte, wie »Grausame Bestie.« »Gemeiner, hinterhältiger Typ.« »Saukerl.« »Dem werd ich's zeigen!« »Nie, niemals werd' ich mich mit dem arrangieren. Mit dem nicht.« »Warum ausgerechnet ich? Hab' mir doch nichts zuschulden kommen lassen.« »Ich werde mich wehren. Und wenn ich dabei vor die Hunde gehe.« »Von wegen Freund. Mein ärgster Feind ist der. Mein Erzfeind. Gegen den werd' ich kämpfen bis ans bittere Ende.« »Wir werden ja sehen, wer den Kürzeren zieht.« »Bloß keine Kompromisse.«

Die Luft erzitterte ob solch geballter Wut.

Der Spielleiter hatte seine liebe Mühe, die Gegner zur Vernunft zu bringen. Schließlich gelang es ihm mit Hilfe der Spielregeln.

Einer der Freunde Parkinsons zog die Verfahrenskarte »Kreuzverhör«. Die Feinde Parkinsons mussten sich einem Kreuzverhör unterziehen und sich folgende Fragen gefallen lassen:

A.: Glauben Sie wirklich, Sie haben eine Chance in diesem Zweikampf mit Parkinson?

B.: Das werden wir ja sehen.

A.: Warum lassen Sie sich auf so einen aussichtslosen Kampf ein?

B.: Ich will mir später nicht sagen lassen müssen, ich hätte die Hände in den Schoß gelegt und mich nicht gewehrt.

A.: Das heißt ja nicht, dass Sie untätig herumsitzen müssen.

B.: Ich bin es mir aber schuldig, dass ich mich zur Wehr setze. Ich war früher Boxer.

A.: Aha. Also geht es um die Ehre. Jemand hat Ihnen den Fehdehandschuh hingeworfen. Da gebietet es der Ehrenkodex, dass man die Herausforderung annimmt.

B.: Viel Feind, viel Ehr.

A.: Was für ein Boxer waren Sie?

B.: Fliegengewicht.

A.: Fliegengewichtler gegen Schwergewichtler. Das grenzt doch an Dummheit. Können Sie Ihre Energie nicht sinnvoller einsetzen?

B.: Wie meinen Sie?

A.: Da, wo es wirklich lohnt. Nehmen wir das Gleichnis vom Baum im Sturm. Während des Sturms gibt ein kluger Baum nach und beugt sich der Übermacht. Wenn der Sturm nachlässt, richtet der Baum sich wieder auf.

Flexibel sein heißt das magische Wort im heutigen Sprachgebrauch. Ich bekam einmal einen Brief von einer Frau, der fing folgendermaßen an: »Ich bin stur. Ich bin ja so stur …« Ich brauchte nicht weiterzulesen. Ich wusste, die Frau hat Parkinson. Und solange sie stur blieb – ich hatte das Gefühl, sie war sogar stolz auf ihre Sturheit – hatte sie nicht die Chance, die Krankheit loszuwerden.«

Ich gebe zu, so einfach ist das alles nicht mit Parkinson. Was wissen wir schon über AIDS, Krebs oder

Parkinson! Ebenso wenig wissen wir über die Freund-Feind-Bilder in der modernen Gesellschaft. Nicht umsonst sind Mephistopheles und Faust ein so schwer verständliches Paar, wenn nicht sogar das schwerst verständliche überhaupt.

Vielleicht liegt des Rätsels Lösung ganz woanders. Von Parkinsons Januskopf war schon die Rede. Mir scheint jetzt, Parkinson hat viele Gesichter. Und jeder, der etwas anderes in ihm sieht, hat auf seine Weise Recht. Manchmal kommt es mir so vor, als treibe Parkinson ein theatralisches Spiel mit mir, eine Tragödie, vielmehr, Komödie. Er ist der Regisseur. Hat meine Rolle mit mir eingeübt. Nach der Premiere ist er verschwunden. Und manchmal kommt es mir vor, als sei das Ganze nur ein Traum gewesen, als hätte es Parkinson in Wirklichkeit nie gegeben. Möglich, dass seine Gesichter Spiegelungen meiner selbst sind. Einbildungen, Halluzinationen. Und unsere Abenteuer nichts weiter als Fetzen der Erinnerung an ein Welttheater, das so gar nicht stattgefunden hat. Schmierentheater?

Es ist bekannt, dass die Medikamente irreale Vorstellungen ausbilden. Wirkungen, in denen sich unsere Seele spiegelt. Und wer weiß, wenn mich heute jemand fragt: »Dieser Mister Parkinson, wer ist das eigentlich?«, dann könnte meine Antwort lauten: »Parkinson? Parkinson, c’est moi!«

Zum Jahresende im Neurologischen Krankenhaus. Über fünf Wochen. Mit Zeit zum Nachdenken. Trotz Einzelzimmer und Energieverlust durch e-smog. Erst nach fünf Wochen zufriedenstellender Apomorphinspiegel erreicht. Das Medikament jetzt über eine Pumpe. Flitze mit meinem Kinderroller über die Gänge der Station. Alle, Patienten, Pfleger, Ärzte, bleiben überrascht stehen oder spritzen auseinander. »Das ist ja eine tolle Idee. So einen möchte ich auch haben.« Der Chefarzt dreht ein Video davon. Alle denken: Der ist aber gut drauf. Dabei ist das Rollerfahren möglich, selbst wenn ich kaum laufen kann. Habe in der Klinik neu »schlafen gelernt«. Mit allen möglichen Tricks komme ich jetzt auf bis zu sieben Stunden Schlaf. Vorher oft nur eine Stunde pro Nacht. Nehme nachts ein Minimum an L-Dopa, damit ich beweglich bleibe und mich umdrehen und aufstehen kann. Habe die Angst vor der Nacht (Hilflosigkeit durch Unbeweglichkeit) verloren. Eines Morgens war ich total immobil aufgewacht, konnte nicht einmal Tabletten schlucken, die der Pfleger mir verabreichen wollte – unfähig zu sprechen, um ihm dies mitzuteilen. Bitterer Vorgeschmack.

Andere Initiativen weisen auf Versöhnung mit Parkinson hin. Auf Heilung im Sinne von heil machen.

Ich nutze die Muße in der Münchner Klinik, um einen Energetiker zu konsultieren. Im Stillen hoffte ich, an die wundersamen Erfahrungen von Undenheim anzuknüpfen. Das Aufnahmegespräch stimmte mich optimistisch. Ich finde den Heiler sehr sympathisch. Er sagt, er könne mir helfen. Mit meiner Mithilfe, beziehungsweise ich mit seiner Hilfe. Vorausgesetzt, füge ich hinzu und deute nach oben – wenn der da oben mitspielt. Wir lachen und einigen uns auf sieben Behandlungen.

Die erste Sitzung hat keine spürbare besondere Wirkung, außer, dass mich die Gelassenheit, die Freundlichkeit, die Weisheit und Bescheidenheit dieses Mannes, kurz: seine Ausstrahlung, sehr beeindruckt. Von da an entsteht eine erstaunliche Wirkung. Unspektakulär, aber intensiv. Entspannung. Phantasiereisen. Tiefenatmung.

Der Optimismus dieses Mannes, seine Gelassenheit, sein Lächeln übertragen sich auf mich. Ja, ich verinnerliche das Bild dieses freundlichen Mannes, sodass er mir, wenn ich will, vor meinem inneren Auge erscheint. Und so wirkt er mit seiner überschwänglichen Energie auch aus der Ferne, wenn ich mich an ihn erinnere. Zur vierten Sitzung komme ich leichten Fußes, singend – ich glaube, es war Beethovens Neunte – aufrechten Ganges und erwartungsvoll ins Behandlungszimmer marschiert. Mir scheint, er freut sich über den Fortschritt, den ich mache, und ich erzähle ihm, dass ich das letzte Mal zur Isar runtergegangen sei, wie er vorgeschlagen hat. Denn dort könne ich sehen, wie der Fluss das Leben widerspiegele: Hier der reißende Strom, dort ein seichter, träger, fast still stehender Seitenarm. Dort Kaskaden, über die das Wasser fällt, weiter oben ein Wehr mit einem Sammelbecken dahinter, in dem das Wasser zu ruhen scheint. Alles Facetten, die auch das menschliche Leben kennt.

Und nach der vierten Sitzung passiert etwas Überraschendes. Der Arzt, ein Bulgare, erklärt mit leuchtenden Augen: »Sie brauchen nicht wiederzukommen. Sie brauchen mich nicht mehr. Sie sind auf dem richtigen Weg.« Im Hinausgehen noch der Rat: »Viel strecken!« Womit er bestimmt nicht nur den äußerlichen aufrechten Gang meinte. Ich dankte ihm und ging freudestrahlend ins Hospital zurück, aus dem ich am nächsten Tag entlassen werden sollte. So wirken westliche Medizin und östliche Heilkunde nebeneinander her. (Auch in einzelnen Kliniken in der Schweiz zieht man neuerdings einen Heiler hinzu, wenn die Schulmedizin nicht mehr weiter weiß.)

»Sie brauchen mich nicht mehr. Sie sind auf dem richtigen Weg.« Ich konnte es kaum fassen und war begierig, die Anregungen zu Hause in die Tat umzusetzen. Heilschlaf. Energiearbeit. Meditation. Atemübungen. Entspannung. Ähnlich hatte sich der Tibeter geäußert. Phantasiereisen und künstlerische Betätigung: schreiben, musizieren.

Das Jahr geht zu Ende. Die Krise geht zu Ende. Ein Lebensabschnitt ist vollendet. Der neue Kurs, die neuen Aufgaben vorgegeben. Ich bin bereit, auf diesem Weg entschlossen voranzuschreiten und den Kurswechsel gebührend im Haus der 99 Türen zu zelebrieren.

Im Mittelpunkt meiner bildhaften Meditationen taucht immer wieder ein leuchtendes, kräftiges Blau auf. In Form eines gerasterten Quaders, der auf mich zukommt. Oder ich bewege mich auf ihn zu. Oder beides. Die physikalischen Gesetze scheinen aufgehoben und die bekannten Dimensionen außer Kraft gesetzt.

Blau hat eine starke positive Symbolkraft. Blau steht für Glück, für Freude. Wessen Glück? Wann? Wo?

Die Unmittelbarkeit der Meditation deutet auf das Hier und Jetzt hin. Es kann aber das hic et nunc einer fernen Zukunft sein. In einer anderen Welt. Die Zeit ist aufgehoben. Ich bewege mich in galaktischen Distanzen. Eine Reise ins Blau.

Ich erinnere mich: »Sie sind auf dem richtigen Weg.« Der Weg ist das Ziel. Hic Rhodos! Hic Salta! Kein Warten auf Godot. Das Glück, zum Greifen nah.

»Aber dein Leben sieht stark nach Unglück aus.«

»Irrtum. Was du als Unglück ansiehst, ist mein Glück. Betrachte meine Erfahrung des Leids als Glück.

Meine Aufgabe, es mitzuteilen.«

Ich atme ein. Ich atme aus.

Vom Ich zum Wir. Das Leid auf sich nehmen. Liebe schenken.

Ich werde weiter berichten. Von meinem Unglück als Glück. Von meiner Reise zum Blau. Mein Unglück, mein Glück.

Szenenwechsel. Ich sitze in meinem Auto und fahre auf eine Kreuzung zu. Kurz vor der Kreuzung schaltet die Ampel um. Auf blau!

Vor ein paar Tagen erzählte mir ein spanischer Ingenieur, der bei einer europäischen Satellitenagentur arbeitet, er habe ein Stück Land auf dem Mond gekauft. Dann heißt es Abschied nehmen.

»Good Bye, Mister Parkinson.«

Dank an alle, die in den letzten zehn Jahren zu mir gehalten und mich auf meinem Weg begleitet haben. Besonderer Dank an meinen Agenten Ernst Piper, an Christel Gehrmann und Thomas Schmitz vom Gütersloher Verlagshaus und an die Malerin Brigitte Bernhard (Apfeldorf), ohne die dieses Buch nicht zustande gekommen wäre.

Dr. Wigand Lange